LES

WARRANTS AGRICOLES

ET LEUR RÔLE ÉCONOMIQUE

ÉTUDE DE LA LOI DU 18 JUILLET 1898

THÈSE POUR LE DOCTORAT

(SCIENCES POLITIQUES ET ÉCONOMIQUES)

PAR

Eugène DELLOR

PARIS

LIBRAIRIE NOUVELLE DE DROIT ET DE JURISPRUDENCE

ARTHUR ROUSSEAU, ÉDITEUR

14, RUE SOUFFLOT ET RUE TOULLIER, 13

1900

Imp. J. THEVENOT, Saint-Dizier (Hte-Marne)

THÈSE

POUR LE DOCTORAT

UNIVERSITÉ D'AIX-MARSEILLE. — FACULTÉ DE DROIT D'AIX

LES
WARRANTS AGRICOLES

ET LEUR RÔLE ÉCONOMIQUE

ÉTUDE DE LA LOI DU 18 JUILLET 1898

THÈSE POUR LE DOCTORAT

(SCIENCES POLITIQUES ET ÉCONOMIQUES)

PAR

Eugène DELLOR

President : M. BOUVIER-BANGILLON, professeur

Suffragants : { MM. BABLED, agrégé.
BROCARD, chargé de cours.

PARIS

LIBRAIRIE NOUVELLE DE DROIT ET DE JURISPRUDENCE

ARTHUR ROUSSEAU, ÉDITEUR

14, RUE SOUFFLOT ET RUE TOULLIER, 13

1900

À LA MÉMOIRE DE MA MÈRE

À MON PÈRE

BIBLIOGRAPHIE

Beyne (**P.**). — Manuel de l'emprunteur sur warrants commerciaux et sur warrants agricoles. Paris, Marchal et Billard, 1898.

Boullaire. — Manuel des syndicats professionnels agricoles. Paris, 1888.

Bruno (**M. J.**) et **Dubron.** — Docks et warrants. Traité théorique et pratique du Magasin général. Paris, 1898.

Coulet (**Elie**). — Le mouvement syndical et coopératif dans l'agriculture française. Paris, Masson, 1898. Montpellier, C. Coulet, 1898.

Duguay (**Raymond**). — La question des assurances agricoles. Paris, Firmin-Didot, 1895.

Durand (**Louis**). — Le crédit agricole. Paris, Chevalier-Marescq, 1891.

Faubin (**M. A.**). — Loi du 18 juillet 1898 sur les warrants agricoles (publié par l'imprimerie du Journal *Le Greffier* à Marmande).

Giraud (**Maxime**). — Les syndicats professionnels agricoles et la loi de 1884 (thèse Paris, 1895).

Godde (**Ch.**). — Le crédit personnel de l'agriculteur et les sociétés de crédit agricole. Paris, 1897.

Hogrel (**Emile**). — Des warrants agricoles. Paris, Chevalier-Marescq, 1898.

Lalire (**F.**). — Le warrant agricole. Imp. Michaux à Sézanne (Marne), 1899.

Leroy-Beaulieu (**Paul**). — Traité d'économie politique. Paris, 1896.

Lyon-Caen. — Manuel de droit commercial. Paris, Pichon, 1894.

Maurin (**Georges**) et **Brouilhet** (**Ch.**). — Manuel pratique de crédit agricole (Bibliothèque du *Musée social*). Paris, Rousseau, 1900.

Méric (**Victor**). — Le warrant agricole.

Perrin (**Louis**). — Les warrants agricoles. Paris, Marchal et Billard, 1898.

Rayneri (Ch.). — Le crédit agricole par l'association coopérative (2e édition). Paris, Guillaumin, 1896.

Zolla (Daniel).— Etudes sur l'économie rurale. Paris, Masson, 1896.

— Questions agricoles d'hier et d'aujourd'hui. Paris, Alcan, 1895.

JOURNAUX ET REVUES.

Journal officiel. — Travaux parlementaires : 13 mars 1897, Proposition de M. Ernest Delaunay. 24 juin 1897, Rapport sommaire de M. Brindeau sur cette proposition. 28 octobre 1897, Projet de loi du Gouvernement déposé par M. Méline, ministre de l'agriculture. 28 octobre 1897, proposition de M. Martinon sur les Docks Greniers. 3 décembre 1897, Rapport de M. Chastenet. 31 mars 1898, Déclaration d'urgence, discussion, adoption de l'ensemble de la loi à la Chambre des députés. 2 avril 1898, Dépôt du projet au Sénat. 6 avril, Rapport de M. Calvet. 8 juillet, Déclaration d'urgence, discussion, adoption de l'ensemble de la loi. 17 août 1898, Circulaire du Garde des sceaux. 31 octobre 1898, Décret fixant les émoluments des greffiers.

Les Lois Nouvelles. Revue de législation et de jurisprudence.— Numéros du 15 janvier et du 1er février 1899. Articles de M. Victor Emion.

Annuaire de législation étrangère.

Revue des justices de paix.

Revue politique et parlementaire. — Numéros du 10 avril 1897 (article de M. G. François) et du 10 septembre 1899 (article de M. Pascaud).

Journal des économistes. — Numéro du 15 mai 1899, Compterendu de la réunion de la Société d'économie politique (séance du 5 mai 1899).

Réforme économique.— Année 1898, p. 453. Année 1900. Numéros du 11 mars (article de M. Sinceny), du 18 mars (article de M. Lalouvet), du 27 mai (article de M. Domergue.)

Annales de droit commercial. — Année 1899. 2e partie, p. 165 (article de M. Magnin).

Revue d'économie politique.— Oct. 1899 (article de M. Brouilhet).

L'avenir du crédit agricole. — Organe de la Société *les Warranteurs agricoles*, juin 1899 (article de M. Pouget).

WARRANTS AGRICOLES

ET LEUR ROLE ÉCONOMIQUE

ÉTUDE DE LA LOI DU 18 JUILLET 1898

INTRODUCTION

La loi que nous nous proposons d'examiner dans cette étude a pour but de mettre à la disposition de l'agriculture un nouvel instrument de crédit, dont le commerce et l'industrie bénéficient, d'ailleurs, depuis longtemps.

En effet, grâce à la *loi du 28 mai 1858, sur les négociations concernant les marchandises déposées dans les Magasins Généraux*, les industriels et les commerçants peuvent, quand ils ont besoin d'argent, obtenir des capitalistes les avances gagées sur leurs marchandises. Ils n'ont pour cela qu'à les *warranter*, c'est-à-dire à les déposer dans des magasins appelés *Docks* en échange d'un titre représentatif, ou *Warrant* qu'ils pourront négocier.

Pourquoi nos paysans et nos petits propriétaires ruraux n'auraient-ils pas, comme eux, la faculté de donner leurs récoltes en garantie des emprunts qu'ils contractent ?

C'est la question que s'est posée le législateur de 1898 et la solution qu'il nous en a donnée nous paraît relativement satisfaisante.

La triste situation que la crise agricole fait actuellement à nos cultivateurs rendait, du reste, indispensable une nouvelle intervention des pouvoirs publics.

Déjà l'Etat s'était efforcé, par divers moyens, de régénérer notre exploitation rurale et voici, très sommairement indiqués, les essais qui ont été tentés.

La crise agricole se rattachant surtout à la différence qui existe entre les frais d'exploitation de la terre en France et ces mêmes frais d'exploitation dans divers autres pays (1), il fallait trouver un certain nombre de mesures propres à soutenir nos cultivateurs dans leur lutte contre la concurrence étrangère. Les unes ont consisté en une protection douanière qui est certainement efficace, mais qui a pour inévitable conséquence de provoquer une élévation des prix dont le consommateur supporte tout le poids.

---

(1) Particulièrement aux États-Unis et dans l'Inde.

Les autres ont pour but, ou du moins pour effet, d'aider l'agriculture à diminuer ces frais de production, telle est la création des *syndicats agricoles*. Ces syndicats sont des associations professionnelles d'agriculteurs, propriétaires, fermiers, métayers, ouvriers de culture, etc., unies pour étudier et défendre en commun les intérêts agricoles. Les cultivateurs syndiqués trouvent dans leur groupement divers avantages, qui résultent surtout de la pratique des achats collectifs d'outils, de semences ou d'engrais, et aussi de la vente directe des produits agricoles par les syndicats (1).

Toutefois, malgré leur bienfaisante influence, ces associations ne pourraient, à elles seules, constituer un remède capable de conjurer la crise. En effet, pour atteindre ce but, il ne s'agit pas seulement de diminuer les frais d'exploitation de la terre, il faut encore mettre des capitaux à la disposition des nombreux agriculteurs qui en manquent. On ne peut arriver à ce résultat que par l'institution d'un crédit spécial,

(1) La loi du 21 mars 1884 a accordé la *personnalité civile* à tous les syndicats professionnels régulièrement constitués, qui ont ainsi obtenu le droit d'acquérir, de posséder, de jouir enfin de tous les droits civils appartenant aux personnes majeures reconnues capables. Cette loi a provoqué un essor général de l'idée syndicale ; aussi les *syndicats agricoles* ont-ils pris en quelques années un développement considérable. C'est ainsi qu'en 1884, on n'en comptait en tout que cinq seulement, tandis qu'en 1897, nous en avions déjà 1371 avec un total de 438.596 agriculteurs syndiqués (*Statistique agricole de la France*, enquête de 1892, publiée en 1897 et *Bulletin de l'office du travail*).

approprié aux besoins particuliers de l'agriculture. Ce n'est, en effet, que grâce à un emprunt contracté dans de bonnes conditions que les paysans pauvres pourront profiter des avantages de la culture intensive, aujourd'hui la seule rémunératrice. Nos législateurs l'ont depuis longtemps compris et c'est aussi dans ce sens qu'ils ont dirigé leurs efforts.

A l'étranger, surtout en Allemagne et en Italie, la question du crédit agricole a été résolue d'une façon assez satisfaisante par la création de sociétés coopératives spéciales (caisses rurales de Raiffeisen, Schultze-Delitsch, Wollemborg). Nous en avons aussi quelques-unes en France (1), mais chez nous, le crédit agricole se fonde plus particulièrement sur l'utilisation des syndicats, auxquels la *loi du* 5 *novembre* 1894 a donné le droit de constituer des sociétés de crédit favorisées par un régime particulier.

Le législateur de 1898 a, très heureusement, complété cette organisation en permettant aux cultivateurs d'utiliser leurs récoltes pour garantir leurs emprunts.

Ainsi se trouvera fécondé un élément de crédit qui était jusqu'à présent demeuré stérile entre les mains de nos agriculteurs. Ne pouvant emprunter sur leurs

(1) M. Louis Durand, avocat à Lyon, a puissamment contribué à répandre et à vulgariser les doctrines de Raiffaisen, dont il s'est inspiré pour la création de nombreuses *Caisses rurales.* C'est aussi M. Durand qui a fondé à Lyon, l'*Union des Caisses rurales et ouvrières à responsabilité illimitée.*

produits, ils étaient obligés de les vendre immédiatement, car nous verrons que, dès la récolte, ils ont, presque tous, grand besoin d'argent.

Malheureusement, ces ventes précipitées étaient très désavantageuses. Toutes les récoltes tombant à la fois sur le marché, une forte baisse survenait fatalement et se trouvait encore accentuée par les manœuvres de la spéculation (1). Par conséquent, on peut dire que le nouveau warrant correspond à un besoin précis de l'agriculture. Il permettra à nos cultivateurs de se procurer de l'argent par l'emprunt, tout en attendant un moment favorable pour la vente.

Il faut ajouter que la loi du 18 juillet 1898 sera d'autant plus utile aux agriculteurs qu'elle les autorise, non seulement à donner leurs récoltes en gage, mais encore à conserver *chez eux* les produits qu'ils ont affectés à la garantie de leurs créanciers.

Cette innovation hardie constitue sans nul doute un progrès considérable et, bien qu'il y ait dans notre loi plusieurs imperfections sur lesquelles il sera nécessaire de revenir, on ne peut s'empêcher de reconnaître que le prêt sur récoltes ainsi organisé constitue, pour la population des champs, une des réformes les plus précieuses.

(1) La spéculation avait pris en Allemagne de telles proportions qu'il a été nécessaire de réglementer étroitement les marchés à terme.

CHAPITRE PREMIER

LE CRÉDIT AGRICOLE MOBILIER

Depuis bon nombre d'années, les agriculteurs se plaignent de ce qu'ils ne peuvent plus vivre sur leurs terres. Et, en effet, dans nos régions les plus fertiles, dans les plaines de la Beauce et de la Brie, nous assistons au dépérissement lent, mais jusqu'à présent continu, d'un grand nombre d'exploitations, autrefois très prospères. Dans le département de l'Aisne, nous voyons de vastes espaces abandonnés par leurs propriétaires, qui ne pouvant exploiter eux-mêmes, et ne trouvant pas de fermiers, à quelque prix que ce soit, ont laissé leurs biens en friche (1).

D'une manière générale, les paysans vivent très difficilement : un malaise économique accentué règne parmi les populations rurales (2). Cette crise

(1) Voir Louis Durand, *Le crédit agricole*, p. 32.

(2) Il faut cependant reconnaître que les efforts tentés en vue de régénérer l'agriculture n'ont pas été sans résultats. Actuellement notre industrie agricole paraît plutôt en léger progrès qu'en décadence. C'est ainsi qu'après avoir longtemps importé du blé en France, nous sommes maintenant devenus exportateurs de cette marchandise. Il a même été récemment question de créer une prime à l'exportation du blé.

de l'agriculture a depuis longtemps attiré l'attention de nos représentants et, afin d'y porter remède, on en a recherché les causes qui sont fort nombreuses et très diverses.

Nous ne nous attarderons pas à les observer de près, les limites de notre étude ne comportant pas d'aussi longs développements. mais nous allons examiner une des faces principales de la question, en partant de ce principe que *ce qui manque le plus à l'agriculture, c'est l'argent.*

Cette raréfaction des capitaux dans les campagnes nous semble assez facilement explicable, car elle se rattache à des faits très simples.

Les conditions de culture ont beaucoup changé depuis ces dernières années surtout, et pour obtenir de la terre tout ce qu'on lui demande aujourd'hui, il est indispensable d'avoir à sa disposition des avances relativement considérables. La culture intensive et les procédés nouveaux qui se généralisent de plus en plus, ont des exigences qu'on ne connaissait pas autrefois.

D'un autre côté, les capitaux qui existent dans les centres ruraux, au lieu de se consacrer à l'exploitation des terres, émigrent progressivement vers les villes. Les valeurs industrielles, les obligations des grandes compagnies, les caisses d'épargne, etc., canalisent les économies des paysans. L'agriculture voit donc diminuer ses ressources au moment même où elle en aurait le plus pressant besoin. Cette situation ne pouvant se dénouer que par l'extension du crédit agricole, le législateur s'est efforcé d'en faciliter l'organisation en dotant nos cultivateurs d'un mode d'emprunt particulier, dont ils n'ont été privés jusqu'ici que par une inexplicable anomalie.

En effet, avant la nouvelle loi sur les warrants, l'emprunt hypothécaire était le seul auquel put recourir l'agriculteur, propriétaire de son exploitation, à moins cependant qu'il n'inspirât une confiance assez grande pour trouver des prêteurs chirographaires.

Quant aux fermiers et aux métayers ne possédant point d'immeubles. Nous verrons plus loin quelle était leur situation au point de vue du crédit.

Envisageons d'abord le cas de l'agriculteur *propriétaire*, qui se trouve dans la nécessité de grever son bien d'hypothèques. Ce mode d'emprunt, le seul à sa portée, ne nous paraît pas réunir les meilleures conditions.

La législation hypothécaire présente un si grand nombre de formalités à remplir et donne lieu à de tels frais qu'il n'est pas toujours avantageux d'y recourir. De plus, si les terres que l'on veut affecter à la garantie du prêt sont de faible valeur, il sera généralement très difficile de les hypothéquer. Ce n'est pas tout ; si le crédit immobilier présente des difficultés sérieuses, il présente aussi, pour l'emprunteur, de graves dangers. On peut facilement s'en rendre compte. Supposons, en effet, qu'un propriétaire gêné sollicite d'un bailleur de fonds quelconque un prêt hypothécaire. Presque toujours, quand il en aura la faculté, *il empruntera au delà de ses besoins véritables* et son raisonnement sera celui-ci :

Puisque je me suis décidé à faire un emprunt, autant vaut le faire assez important, afin de réaliser du même coup telles et telles améliorations nécessaires, auxquelles je n'avais pas songé d'abord. C'est, d'ailleurs, mon intérêt, car je n'aurai ainsi à subir qu'une seule fois les ennuis et les frais d'acte que va me procurer mon emprunt d'aujourd'hui. Faisons-le donc assez considérable, pour n'avoir plus à y revenir.

Ainsi notre agriculteur, dont l'intention première était seulement d'emprunter pour l'achat de ses engrais par exemple, va finir par emprunter des sommes supplémentaires destinées à réparer son logement qui lui paraît brusquement trop étroit, ou à remplacer ses chevaux qui lui ont tout à coup semblé insuffisants.

Evidemment, ces dépenses somptuaires auxquelles il s'est laissé entraîner, vont lui créer des charges très lourdes dont il eût pu éviter la moitié.

Un autre, qui a la manie de s'arrondir, si fréquente dans les campagnes, convoite le champ de son voisin et pour l'acquérir, il n'hésitera pas à grever le sien propre d'un emprunt hypothécaire maximum.

A cela, on répondra que les emprunteurs doivent être présumés raisonnables, et qu'en tout cas, le législateur ne saurait se substituer à eux pour leur épargner des déboires uniquement dus à leur faiblesse ou à leur incapacité.

Fort bien, mais comme il est certain que la tentation de la dépense superflue est souvent très forte dans les cas qui nous occupent, il ne peut être mauvais de placer à côté de l'emprunt hypothécaire, réservé pour les grandes occasions, un système d'emprunt anodin auquel on aura plus fréquemment recours, avec moins de frais et moins de danger.

Il ne faut pas que l'agriculteur qui désire emprunter soit presque fatalement amené, en raison des entraînements de l'hypothèque, à emprunter des sommes qui excèdent ses besoins.

Il y a maintenant lieu de remarquer que nous avons jusqu'ici envisagé le cas de l'agriculteur *propriétaire*, mais si nous observons la situation de l'agriculteur *fermier*, nous constaterons qu'elle est encore bien plus mauvaise, puisqu'il n'a pas même à sa disposition la dangereuse ressource de l'hypothèque. Quant à son crédit personnel, on comprend facilement qu'il est purement illusoire. Dans ces conditions, il n'est pas douteux que la réforme dont nous nous occupons ne soit une notable amélioration apportée au sort de notre population rurale. L'emprunt mobilier — et particulièrement l'emprunt sur récoltes — nous semble, en effet, le plus approprié aux *besoins ordinaires* des agriculteurs, qui pourront *tous* y avoir efficacement recours.

Bien entendu, nous ne saurions, en principe, condamner le crédit immobilier, dont nous sommes loin de méconnaitre l'utilité, dans certains cas. Ainsi, lorsqu'un agriculteur propriétaire aura à faire face à des demandes importantes ; quand il sera, par exemple, obligé de faire des améliorations coûteuses ou des réparations importantes et que les fonds lui manqueront, il est clair qu'il devra nécessairement recourir à l'hypothèque. Ce que nous avons voulu établir, c'est que l'emprunt mobilier et l'emprunt immobilier sont deux choses différentes qui correspondent à des besoins différents. Il importait que l'agriculture pût user de l'un ou de l'autre, selon les circonstances.

Du reste, l'idée de répandre et de faciliter dans les campagnes l'usage du crédit mobilier n'est pas une idée nouvelle. Les conseils généraux et les comices agricoles, souvent consultés, en ont depuis longtemps reconnu la justesse ; il est seulement regrettable qu'elle n'ait pas donné de résultat plus tôt, malgré les efforts tentés à plusieurs reprises.

Sans nous attacher à tracer de cette question un historique détaillé, rappelons brièvement les diverses tentatives qui ont été faites en vue de perfectionner l'emprunt sur gage.

Dès 1869, M. Cumol, membre de la *Société des agriculteurs de France*, voulait modifier les principes qui régissent la matière. Sa proposition qui tendait à transformer l'article 2070 du Code civil, n'eut pas de résultat.

Dix ans plus tard, MM. de Mahy et Léon Say déposèrent un projet analogue où était contenue l'idée dominante de la loi nouvelle : la création du gage sans déplacement. Le Sénat fit échec à cette proposition qu'il considérait comme portant atteinte au privilège du bailleur.

Un nouveau projet procédant des mêmes principes fut présenté en 1890 par MM. Emile Ferry et Dupuy-Dutemps. La Chambre n'y donna aucune suite (1).

En 1891, M. Martinon déposa sur le bureau de la Chambre un projet de *Docks Greniers* devant servir d'entrepôt aux céréales grevées d'un droit de gage. Ce projet ne put aboutir et fut repris, sans plus de succès, en 1897.

Au commencement de la même année, un député, M. Delaunay, agrandit et transforma la proposition Martinon. Il voulait permettre aux agriculteurs d'emprunter sur *tous* les produits de leur exploitation, *sans avoir à les déplacer*. Malheureusement la

____

(1) Ces deux dernières propositions avaient trait à un crédit garanti par les instruments de travail, les meubles et le bétail du cultivateur.

proposition Delaunay s'inspirait trop directement de la loi du 28 mai 1858 sur les warrants commerciaux pour qu'elle fût pratiquement applicable à l'agriculture.

Néanmoins, l'idée porta ses fruits puisque, dans sa séance du 28 octobre 1897, M. Méline, président du Conseil, déposa, au nom du Gouvernement, un projet issu de la proposition Delaunay, projet qui devait devenir plus tard la loi du 18 juillet 1898.

Cette réforme, depuis longtemps souhaitée, est venue combler une lacune de notre législation. L'organisation du *Crédit mobilier agricole* s'imposait, en effet, puisque d'une façon générale, le crédit mobilier a toujours donné de bons résultats. Les avances sur dépôts de titres, valeurs d'État, obligations de villes ou de grandes compagnies, rendent d'importants services. Les Monts-de-Piété, qui prêtent sur gage d'objets de toute sorte, ne sont-ils pas aussi une avantageuse application de cette forme de crédit? Enfin les warrants commerciaux, dont la pratique est si généralisée, offrent de telles facilités qu'il eût été injuste de ne pas les étendre à l'agriculture.

Il est vrai que l'idée d'améliorer le sort des populations rurales par la voie de l'emprunt n'a pas été sans soulever de nombreuses protestations. Pour beaucoup de gens, l'usage du crédit, tant mobilier qu'immobilier, au lieu de relever l'agriculture, devait en consommer la ruine. C'était là un préjugé absurde qui, heureusement, tend à disparaître aujourd'hui.

En effet, il est permis de se demander pour quelle raison le crédit serait si étroitement mesuré à l'agriculture, alors qu'il est largement ouvert aux autres branches de l'activité humaine. Le cultivateur, en définitive, n'est-il pas dans la même situation que le commerçant, surtout quand les nécessités de l'exploitation intensive lui imposent des dépenses de plus en plus lourdes?

On a quelquefois répété que l'agriculteur qui emprunte se ruine, parce qu'il lui faudrait trouver des capitaux à 2 0/0, puisqu'il ne peut guère retirer que 3 0/0 de l'agriculture. C'est là une objection qui, si elle était fondée, rendrait évidemment inutile toute organisation de crédit agricole. Il est heureusement facile de montrer combien elle est spécieuse.

Le revenu des terres n'est, il est vrai, que de 3 0/0 en général, c'est-à-dire que les *capitaux employés à l'achat des propriétés rurales* ne rapportent pas davantage. Mais, le *capital d'exploitation*, c'est-à-dire celui dont se sert le cultivateur, pour l'achat de ses engrais, de ses semences, de son bétail, ou pour le paiement de sa main-d'œuvre, est bien plus productif. En effet, supposons qu'un cultivateur dispose seulement du sol de sa propriété, *sans aucune avance en argent*, il ne pourra pas exploiter et sa terre ne lui rapportera rien. Supposons, au contraire, que le crédit lui procure la somme nécessaire à payer les semences, les engrais et la main-d'œuvre, il retirera de son exploitation un profit normal, *par conséquent le petit capital emprunté sera rémunéré par le rendement tout entier de l'exploitation, qui sans lui n'eût pas été possible.*

Ainsi se trouve justifiée la nécessité de l'emprunt et particulièrement de l'emprunt mobilier, qui mettra à la disposition du cultivateur, sans beaucoup de frais, les petites sommes dont il a couramment besoin pour son exploitation.

Sous prétexte de protéger une classe d'individus, qui n'a, du reste, nul besoin de ce genre de protection, on l'avait jusqu'ici privée des avantages qui lui seront le plus précieux. Il ne faut pas pousser si loin la sollicitude, ni aller jusqu'à la rendre gênante. A force de vouloir défendre, il y a des protections qui paralysent ; et c'est aussi manquer le but que de le dépasser.

Par conséquent, le législateur, en délivrant les cultivateurs d'une tutelle qui n'était qu'une entrave ne les a exposés à aucun péril nouveau. Bien au contraire, il les a détournés de l'emprunt hypothécaire pour leur ouvrir la voie moins dangereuse de l'emprunt sur récoltes. Cette réforme, en agrandissant la liberté des agriculteurs, ne compromet nullement leur sécurité. Seul un conservatisme aveugle a pu inspirer les résistances qui ont retardé, en France, la diffusion du Crédit mobilier agricole. Nous nous réjouissons d'en voir maintenant le principe consacré par la loi du 18 juillet 1898.

CHAPITRE II

La loi sur les warrants agricoles a été publiée par le *Journal officiel*, le 20 juillet 1898. Son application a été réglementée par une circulaire ministérielle, en date du 16 août de la même année et par deux décrets réglant les émoluments dus aux greffiers des justices de paix (1).

Nous savons que cette loi n'est pas une improvisation du législateur, ni une œuvre de premier jet. La proposition Delaunay, où l'expression *Warrant agricole* se rencontre pour la première fois, avait préparé le terrain. On y trouve plusieurs dispositions excellentes qui n'ont pas toutes passé dans le texte définitif et qui, cependant, nous paraissaient dignes de retenir l'attention du Parlement.

Nous aurons dans la suite l'occasion de revenir sur ce point.

D'abord, quelques lignes d'explication sont néces-

(1) Le premier de ces décrets, daté du 11 août 1898, ayant soulevé diverses difficultés fut remplacé par celui du 31 octobre de la même année qui établit d'une façon définitive, le montant des droits à percevoir par les greffiers.

saires au sujet de ce mot *warrant*, d'origine étrangère et qui, jusqu'à présent, n'a guère été connu que de certains commerçants. Le warrantage nous vient d'Angleterre et son nom est tiré du verbe anglais *to warrant* qui signifie *garantir*. Le mot a passé dans notre langue en même temps que la chose qu'il signifie a passé dans notre législation. Il eut été sans doute très facile de trouver un mot français correspondant au vocable anglais, mais nous avons une telle tendance à tolérer chez nous l'infiltration étrangère, qu'on n'y a pas même songé.

C'est vraisemblablement à l'occasion du *Blocus continental*, que naquit et se développa l'idée du warrant. A cette époque, en effet, l'écoulement des marchandises anglaises était devenu très difficile, en raison des barrières que leur opposait Napoléon. On eut alors la pensée d'entasser dans de grands magasins appelés *Docks* tous les produits qu'on ne pouvait plus exporter. Ils furent fictivement représentés par un bulletin de gage, aisément transportable et qui devint bientôt le *warrant* (1). Cependant cette idée ne se répandit pas très rapidement. En France, ce fut seulement le 21 mars 1848 qu'un décret-loi ordonna l'établissement de *Magasins généraux*. Ainsi s'acclimata chez nous la théorie du warrantage qui

---

(1) Remarquons ici que le warrant anglais est moins perfectionné que le nôtre. En effet, ce titre n'est pas négociable en Angleterre.

ne prit cependant sa forme définitive que dix ans plus tard, par la promulgation de la loi du 28 mai 1858.

Analysons à grands traits cette loi qui n'a fait, en résumé, que modifier les principes de notre gage civil pour le mieux approprier aux besoins du commerce.

Aux termes de l'article 2071 du Code civil, le gage est un contrat par lequel un débiteur remet à un créancier une chose mobilière, pour sûreté de sa dette. En matière commerciale, les Docks et Magasins généraux sont destinés à recevoir en dépôt les marchandises que les commerçants qui empruntent offrent comme gage à leurs prêteurs. Le propriétaire de la chose déposée reçoit au moment du dépôt deux titres détachés d'un registre à souche et réunis sur la même feuille.

L'un de ces titres est le *warrant*, l'autre le *récépissé*. Tous deux mentionnent les noms, professions et domicile du déposant, la nature des marchandises, leur valeur et leur identité. Le warrant détaché du récépissé sert à donner les marchandises en gage : le déposant l'endosse au profit du prêteur, qui a sur les objets déposés tous les droits du créancier gagiste sur le gage (Droit de rétention, de vente à défaut de remboursement et privilège).

Si le déposant veut transférer la *propriété* de la marchandise, il endosse au profit de son acquéreur le *récépissé et le warrant réunis*, dans le cas où la marchandise n'a pas encore été engagée et le récépissé seul dans le cas contraire.

Mais alors, le porteur du récépissé ne peut prendre livraison de la marchandise qu'à condition de rembourser le warrant.

C'est-à-dire qu'en pareil cas, l'acheteur paie le prix entre les mains de celui qui a prêté sur l'objet vendu. Quant au vendeur de cet objet, il devra se contenter de toucher, s'il y a lieu, les deniers qui excèderont la somme prêtée sur gage.

Tel est le principe du warrantage commercial organisé par la loi du 28 mai 1858. Conformément aux dispositions contenues dans notre Code civil cette loi exige le *dépôt* de l'objet qui formera la garantie du prêteur.

Bien différent est le caractère du warrantage agricole qui consacre pour tout agriculteur le droit d'emprunter sur certaines de ses récoltes sans les déplacer. *Sans les déplacer*, voilà une innovation curieuse : un gage qui restera entre les mains de l'emprunteur (1). C'est une idée qui semble en contradiction avec les principes de notre droit civil.

(1) Nous croyons devoir signaler ici le rapprochement qui existe entre notre emprunt sur récoltes et l'hypothèque du droit Romain. En effet, le préteur Servius avait sanctionné par une action qui porte son nom la convention par laquelle un fermier affecte à la garantie d'une créance tous les objets qui garnissent sa ferme, *sans être obligé de s'en dessaisir*. Ce fut l'origine de l'hypothèque, qui

En effet, si le warrant agricole est un véritable gage, nous devons retrouver en lui les 3 conditions qui caractérisent ce contrat, c'est-à-dire : la préexistence de la dette, le titre constatant le gage et enfin la possession réelle par le créancier gagiste de l'objet sur lequel repose sa garantie.

Or, cette dernière condition fait défaut, puisque les produits warrantés restent entre les mains de l'emprunteur. Nous sommes donc en présence d'une dérogation à l'article 2076 du Code civil.

Comment l'expliquer ? Certains ont tiré un argument d'une prétendue analogie avec le warrant commercial. On sait que, dans ce dernier cas, la marchandise engagée est déposée, non pas entre les mains du créancier gagiste, mais dans des docks, ou magasins à ce destinés. Plusieurs commentateurs prétendent que l'agriculteur doit considérer son propre domicile comme un magasin analogue aux docks. Ce raisonnement nous parait trop recherché : il n'y a aucune assimilation à faire entre un magasin général et le domicile d'un cultivateur.

Nous apprécions bien davantage l'explication que nous donne M. Chastenet dans le rapport qu'il a fait à la Chambre au nom de la commission des warrants agricoles. Nous la lui empruntons directement. « Il « est facile d'analyser l'opération juridique du war-

se généralisa et put s'établir plus tard sur toute chose, pour garantir toute créance, par l'effet d'un simple pacte.

« rantage, dit-il ; les produits engagés ont leur re-
« présentation légale dans le warrant. La remise au
« créancier de ce titre représentatif peut constituer la
« tradition qu'exigent les principes, en matière de
« constitution de gage. En même temps, il s'est opéré
« une sorte de tradition *brevi manu*, ou quasi-tradi-
« tion des produits engagés, de manière que le pro-
« priétaire de ces produits se trouvera détenir sa
« propre chose pour le compte du créancier gagiste,
« et à titre de dépositaire, avec toutes les consé-
« quences de droit qui en découlent et les pénalités
« qui peuvent en résulter. »

En d'autres termes, d'après cette théorie, l'emprunteur remettrait fictivement l'objet warranté au
prêteur qui le lui rendrait, en le lui confiant à titre
de dépôt. Il y aurait donc *gage* du côté du créancier
et *dépôt* du côté du débiteur.

D'ailleurs, on trouve dans notre législation plusieurs exemples de fictions analogues. L'article 92
du Code de commerce nous en fournit un (1) : il
décide en effet que « le créancier gagiste est réputé
avoir les marchandises en sa possession lorsqu'elles
sont à sa disposition dans ses magasins, etc... *ou
si, avant qu'elles soient arrivées, il en est saisi par
un connaissement ou une lettre de voiture* ».

Citons encore le gardiennat en matière de saisie,

(1) Loi du 23 mai 1863.

quand c'est le saisi lui-même qui est nommé gardien (1). Toutefois l'analogie est ici moins complète, attendu que le gardien d'objets saisis ne peut pas les vendre, tandis qu'à notre avis, l'emprunteur qui a warranté ses récoltes peut parfaitement en disposer (2).

C'est même uniquement pour pouvoir les vendre dans de bonnes conditions qu'il les a warrantées.

Malgré cela, nous ne croyons pas devoir refuser au warrant agricole la qualité de contrat de gage.

Nous admettrons seulement que c'est un gage d'une nature toute spéciale. Au surplus, nous ne devons pas nous en étonner, car il faut nous souvenir que notre loi est une loi d'exception.

Mais si les warrants agricoles sont caractérisés par l'anomalie que nous venons de signaler, il faut bien reconnaître qu'il n'aurait guère pu en être autrement : toute leur efficacité étant subordonnée à cette condition.

En effet, pour que les warrants fussent utiles aux cultivateurs, il fallait éviter à ces derniers le transport de leurs marchandises dans les docks des villes. C'est là que, pour eux, gisait la difficulté, car les frais de déplacement des produits agricoles auraient été ordinairement très élevés en raison de l'éloignement des entrepôts urbains.

---

(1) Art. 598, C. proc. civ.

(2) Ce point est très vivement controversé ; nous y reviendrons plus loin.

D'ailleurs, quelle nécessité y aurait-il eu de voter une loi spéciale, si elle n'avait pas dû améliorer les conditions de la loi de 1858, à laquelle les agriculteurs ont toujours eu le droit de recourir au même titre que les commerçants, mais qui ne présente aucun avantage pour eux ?

Et ce n'est pas seulement la question des transports de marchandise à grande distance qui rend le warrantage ordinaire inaccessible aux cultivateurs ; à ces frais viennent, en effet, s'ajouter des droits de magasinage assez élevés et des impôts spéciaux.

Aussi bien, malgré le caractère anormal que présente, au moins en apparence, le nouveau warrant, nous n'hésiterons pas à admettre qu'il se trouve suffisamment justifié par les circonstances qui ont motivé son adoption.

Après avoir indiqué les raisons qui ont nécessité, en matière de gage agricole, une dérogation aux principes généraux, essayons de montrer le but et l'utilité de la nouvelle réforme.

Nous avons vu, dans le chapitre précédent, que le Crédit agricole mobilier, bien plus que l'hypothèque, répond aux besoins courants de l'agriculture.

Or, les prêts sur récoltes effectués d'après le principe du warrant, réalisent la forme la plus heureuse de ce crédit. Il n'est donc pas malaisé de montrer comment la loi de 1898 peut améliorer la situation des petits cultivateurs.

Pendant toute l'année, ceux-ci sont obligés de faire des avances pour établir leurs cultures et les entretenir. Leurs faibles ressources sont vite absorbées par la main-d'œuvre, qu'il faut payer comptant, par les frais de semence, de fumure et dans certains cas, par le paiement des fermages. Avant d'avoir recueilli le moindre bénéfice, ils arrivent souvent au bout de leurs économies, de telle sorte que la moisson faite, ils ne pensent qu'à vendre leurs produits, *le plus tôt possible*, afin de se remettre à flot. Malheureusement pour eux, l'offre étant, à ce moment, considérable et la demande n'augmentant pas dans d'égales proportions, une dépression des cours en résulte fatalement. L'agriculteur qui est *obligé* de vendre se trouve ainsi réduit à la cruelle nécessité d'accepter les conditions même les plus défavorables.

Les intermédiaires en profitent alors pour spéculer sur l'encombrement du marché, en achetant à bas prix des produits qu'ils revendront ensuite fort cher (1).

MM. Delaunay et Brindeau, qui ont étudié de près cette question, ont cité dans leur projet de loi

(1) M. Daniel Zolla ne croit pas à la possibilité de cette spéculation et n'admet pas qu'il y ait une différence sensible entre le prix du blé immédiatement après la récolte et le cours de cette même marchandise quelques mois plus tard. L'enquête statistique de MM. Delaunay et Brindeau ne nous permet pas de partager son opinion (Cf. D. Zolla, *Les questions agricoles d'hier et d'aujourd'hui*, 2ᵉ série, p. 78).

des chiffres significatifs. En faisant la moyenne des cours du blé au marché de Paris pendant cinq ans, de 1891 à 1895, ils ont trouvé 22 fr. 08 par kilo, comme prix moyen.

Mais, pendant les mois d'août, septembre, octobre, novembre et décembre, la moyenne nous donne seulement 21 fr. 26, alors que le cours moyen des sept autres mois, pendant lesquels l'industrie écoule ses réserves, s'élève à 22 fr. 53. *L'écart est donc de 1 fr. 25 par 100 kilos, ce qui constitue une différence de 5,75 0/0 de la valeur du produit.*

Au moyen du nouveau warrant, les cultivateurs pourront facilement échapper à cette nécessité de vendre bon marché : ils emprunteront sur leur récolte et attendront le moment où il leur sera possible d'en tirer un bon parti. Le warrantage agricole finira donc par régulariser les cours, en supprimant la baisse des prix, consécutive de la récolte.

Cette opinion est cependant controversée et certains auteurs, niant l'existence de la dépression périodique des prix, qui a été l'origine de notre réforme, contestent son opportunité et ne donnent à sa fonction économique qu'une importance insignifiante.

Les uns ont d'abord affirmé (1) que si quelque chose peut influer sur les cours des produits agricoles, ce n'est pas le fait de l'arrivée de la récolte,

(1) MM. Maurin et Brouilhet, *Manuel de crédit agricole.*

mais seulement sa plus ou moins grande abondance.
Jusqu'ici, nous n'avons rien à répondre, car il n'y
a, dans cette affirmation, aucun argument contre
le nouveau warrant. Il est évident que les années de
disette, l'offre des produits agricoles étant inférieure
à la consommation normale, c'est une hausse et non
pas une baisse que nous aurons à constater. De
même, il est indiscutable que dans les années de grande
production, on ne saurait s'attendre à des prix ré-
munérateurs, quelques dispositions qu'on puisse
prendre. Cependant, même dans ces conditions, le
warrant pourrait être utile, en retirant momentanément du commerce une certaine quantité de marchandises.

Mais si nous nous plaçons dans l'hypothèse ordinaire des années moyennes, nous constaterons, d'une
façon indubitable, que les plus bas prix coïncident
toujours avec le moment de la récolte.

Cette constatation, qui semble nous donner raison,
paraît, d'après l'opinion opposée, pouvoir être expli-
quée par d'autres considérations.

Voici, en effet, le raisonnement adopté par
MM. Maurin et Brouilhet pour justifier la hausse
graduelle des produits agricoles, quand elle n'est pas
due à la pénurie des récoltes. Les marchandises représentant une valeur en argent, il est naturel que
l'agriculteur qui ne les vend pas immédiatement, bénéficie de l'intérêt qu'aurait produit la somme cor-

respondant à la valeur de sa marchandise. Par conséquent, au moment de la vente, il majorera son prix, du montant des intérêts qu'il aurait perçus s'il avait vendu plus tôt.

Or, nous savons que MM. Delaunay et Brindeau ont trouvé qu'après le sixième mois qui suit la moisson, la moyenne du prix du blé augmentait d'environ 1 fr. 25 par hectolitre. Si cette somme représentait vraiment l'intérêt de l'argent immobilisé, il faut convenir que ce serait là un placement singulièrement avantageux, puisqu'il rapporterait environ 12,50 0/0.

Nous ne pouvons, quant à nous, admettre cette opinion et il nous semble beaucoup plus naturel de croire que le blé, dont il est ici question, retrouve progressivement sa véritable valeur, qui s'était momentanément affaiblie après la moisson.

On a dit aussi, pour montrer l'inutilité du warrant agricole, que la dépression des cours au moment de la récolte (en admettant qu'elle se produisit), ne serait jamais assez accentuée pour justifier l'emploi du warrantage et on en a donné deux explications.

La première, c'est que tous les agriculteurs ne sont heureusement pas obligés de vendre immédiatement leurs produits. Il y en a qui peuvent choisir le moment opportun et par conséquent l'offre n'est pas si unanime qu'on a bien voulu le prétendre.

Quant à la seconde, elle consiste à affirmer que

les marchés ne sauraient s'encombrer parce que, dès la récolte, ils sont allégés par les achats des commerçants en gros, qui distribueront ensuite, dans le courant de l'année, la marchandise aux consommateurs.

Nous croyons, pour notre part, que cet argument est quelque peu spécieux. En effet, les gros commerçants — sur la demande desquels on compte pour équilibrer l'offre, — posent d'abord leurs conditions et nous sommes persuadé, malgré l'opinion très autorisée de M. Daniel Zolla, qu'ils spéculent souvent sur la situation précaire des producteurs, pour imposer leurs prix.

D'ailleurs, nous ne nous attarderons pas à discuter plus longuement cette question. Pour nous, l'essentiel est de montrer l'utilité du warrant. Or, si l'on admet que l'intervention du négoce, combinée avec l'abstention des agriculteurs aisés, contribuent à la bonne tenue des cours, il faut admettre nécessairement que leur rôle sera complété par le warrantage, qui concourra, pour sa large part, à diminuer l'encombrement.

En cas d'obstruction, il permettra de constituer des stocks de réserve qui s'écouleront plus tard, selon les exigences de la demande, avec cet avantage particulier toutefois, que pendant la période d'attente, la marchandise warrantée, au lieu d'être improductive sera génératrice d'intérêts, puisqu'elle aura permis de contracter un emprunt pouvant dépasser la moitié de sa valeur.

Tel est le but du warrantage agricole. Malgré les critiques dont cette réforme a été l'objet, nous restons fermement persuadé que notre population rurale en retirera de sérieux avantages.

Signalons en terminant ce chapitre, une conséquence indirecte de notre loi, qui ne sera pas un de ses moindres résultats.

Grâce au crédit qu'elle met à la disposition des agriculteurs, ceux-ci pourront échapper, dorénavant, aux entreprises des usuriers, très nombreux dans certaines régions pauvres.

Avant l'application du warrantage à l'agriculture, les petits cultivateurs momentanément sans ressources étaient placés, nous le savons déjà, dans la douloureuse alternative de vendre à bas prix leurs produits, ou de recourir aux bons offices du « marchand d'argent ». Ce dernier, spéculant sur la détresse de son client, achevait de le ruiner en se donnant les apparences d'un sauveur.

Il est probable que ce honteux trafic ne survivra guère à l'application de la loi nouvelle.

CHAPITRE III

Le texte de notre loi dit au début de l'article 1ᵉʳ « tout agriculteur pourra emprunter, etc. ». C'est là une formule générale qui peut s'appliquer à tous ceux qui s'occupent d'exploitation rurale : propriétaires, fermiers ou métayers, quelles que soient les cultures auxquelles ils se livrent. Mais si tous les agriculteurs sont appelés à bénéficier des warrants agricoles, sans distinction de catégories, les produits qu'ils pourront warranter sont, au contraire, limitativement énumérés par la loi (1).

Cette restriction n'existait pas dans la proposition Delaunay, qui autorisait l'agriculteur à emprunter « sur tout ou partie des produits récoltés sur ses terres ». La limitation date du projet Méline et elle était plus rigoureuse encore que celle qui a été définitivement adoptée (2).

(1) Ce sont : les céréales, en gerbes ou battues ; fourrages secs ; plantes officinales séchées ; légumes secs, fruits séchés et fécules ; matières textiles animales et végétales ; graines oléagineuses, graines à ensemencer ; vins, cidres, eaux-de-vie et alcools de nature diverse ; cocons secs et cocons ayant servi au grainage ; bois exploités, résines et écorces à tan ; fromages, miels et cires ; huiles végétales ; sel marin.

(2) L'énumération proposée par le Gouvernement était très ex-

Dans le texte voté, on a ajouté sept produits nouveaux à la liste vraiment insuffisante qu'avait dressée M. Méline.

Recherchons maintenant quel a été le but de la restriction apportée à l'emprunt sur les récoltes. D'abord, le législateur avait à protéger trois intérêts différents : celui du prêteur, celui de l'emprunteur et surtout celui du propriétaire du fonds, quand l'emprunteur est un fermier ou un locataire.

Or, en autorisant l'agriculteur à warranter librement tout ou partie des produits récoltés sur ses terres, on lui permettait d'offrir comme gage des marchandises dont la valeur eut pu être trop aléatoire ou la conservation trop douteuse. Il aurait été possible à un homme malhonnète d'obtenir de cette façon, d'un prêteur incompétent ou naïf, des avances garanties par des produits tout à fait inférieurs. Il est vrai que les prêteurs se seraient rarement montrés assez peu avisés pour conclure de tels marchés, mais il ne faut pas regretter cependant que la loi prévoie des cas de ce genre et qu'elle ait choisi pour le warrantage, exclusivement des produits de valeur et de conservation moyennes.

clusive. Grâce au travail des commissions et à divers amendements, elle a été étendue dans de notables proportions. C'est ainsi que M. de Jouffroy d'Abbans a demandé d'ajouter à la liste les plantes officinales et fourragères ; MM. Ducos, de Ramel, Pourquery de Boisserin, les graines à ensemencer ; M. Charruyer, le sel marin.

D'un autre côté, les travaux préparatoires nous disent que la limitation protège aussi les intérêts de l'emprunteur en ce sens qu'elle les met en garde contre un crédit trop facile et sans mesure. Nous voulons bien l'admettre, quoiqu'en somme, le crédit mobilier soit assez peu étendu en général, et beaucoup moins dangereux que l'emprunt immobilier.

Nous arrivons ensuite au cas où l'emprunteur est locataire ou fermier. Il a fallu s'occuper des intérêts du propriétaire du fonds (1) qui pourraient se trouver lésés si le fermier était demeuré libre de warranter tous les produits récoltés sur les terres de son exploitation. D'ailleurs, il y aurait eu là une atteinte portée aux principes du Code civil, qui donne en garantie au bailleur *tous les objets garnissant la ferme* : mobilier agricole, bétail ou récoltes (2).

Cette préoccupation a engendré de longues discussions au Parlement et elle a abouti à l'interdiction de warranter les récoltes pendantes qu'il avait été d'abord question de faire entrer dans l'énumération limitative (3).

---

(1) De l'usufruitier ou du mandataire légal.

(2) Nous verrons plus loin que ces principes sont sauvegardés par la loi dans la mesure du possible. Les produits warrantables ne peuvent être donnés en gage par un fermier qu'à la condition qu'il préviendra son propriétaire. Et dans le cas où des termes échus lui seraient dus, le propriétaire pourra s'opposer à l'emprunt.

(3) **M.** Pascaud, dans un remarquable article sur le warrantage agricole publié par la *Revue politique et parlementaire* (10 sept. 1899) nous fait observer qu'en ce qui concerne les *fourrages secs* il y au-

La même interdiction pèse sur le bétail et les animaux de ferme.

Les récoltes pendantes par branches et par racines constituent, d'après certaines opinions, la garantie que préfère le propriétaire et ce sont elles qu'il saisit en premier lieu quand il n'est pas payé.

C'eût été par conséquent lui porter un grave préjudice que d'en permettre le warrantage, car on l'eût ainsi privé du gage auquel, habituellement, il tient le plus. Telles sont du moins les idées qui se dégagent des travaux préparatoires. Nous ne les contesterons pas, mais nous regrettons qu'il n'y ait pas eu un moyen de sauvegarder le privilège du bailleur, tout en autorisant le warrantage des récoltes sur pied. De cette façon, la loi eût été plus complète et plus efficace, car pendant les neuf mois qui, généralement, séparent les semailles de la moisson, les paysans pauvres ont épuisé complètement leurs ressources. Ils ont besoin d'argent bien avant la récolte et ce serait pour eux un avantage précieux que de pouvoir

rait lieu de restreindre la faculté de les donner en gage. La raison qu'il nous en donne est que, dans plusieurs régions, l'usage impose la consommation *dans la propriété*, ordinairement pour la nourriture du bétail, du fourrage qui y est récolté.

Le warrantage étant susceptible d'amener la vente de ce produit et de le faire ainsi passer en d'autres mains, des contestations pourraient s'élever et donner lieu à des procès coûteux. On les éviterait en stipulant expressément que les fourrages secs ne pourront être warrantés qu'avec l'assentiment de toutes les parties intéressées.

emprunter sur les raisins avant la vendange et sur
les blés avant la moisson. Il est vrai qu'on a fait
valoir les risques courus par les récoltes exposées à
toutes les intempéries des saisons, risques qui les
empêchent de fournir une garantie solide et durable.
C'est, évidemment, une considération sérieuse, mais
les produits engrangés ne sont pas non plus exempts
de tout péril : les vins tournent aisément à l'aigre et
il arrive que les charançons se mettent aux grains.

D'ailleurs il eut fallu, pour décider en toute connaissance de cause, étudier à fond la question des
assurances agricoles. Nous n'insisterons pas davantage, mais peut-être si notre loi n'avait pas été votée
à la hâte, nos représentants auraient-ils pu la perfectionner et trouver des solutions à certaines questions embarrassantes (1).

On avait primitivement songé à comprendre aussi
le bétail et les animaux de ferme parmi les produits
susceptibles d'être warrantés. M. Jean Codet, député,
prétendait qu'en excluant les animaux des warrants
agricoles, on portait un sérieux préjudice à toute
une classe de la population des campagnes. Il y a,
disait-il, trois catégories d'agriculteurs : ceux qui
produisent des céréales, ceux qui produisent du vin
et ceux qui élèvent du bétail. Dans les conditions

______

(1) En Italie une loi du 23 janvier 1887 autorise l'emprunt sur
récoltes *même pendantes*. Il en est de même aux colonies françaises sous l'empire de la loi de 1851.

actuelles, la loi ne sera d'aucune utilité pour cette troisième catégorie. En effet, les petits propriétaires, ceux surtout qui habitent les pays montagneux, les pays de prairies et d'élevage, ceux-là n'ont qu'une récolte en blé très modique, et ils ne la vendent pas. Ils la consomment ou la réservent pour les besoins de la ferme. Leur seul revenu, leur seule fortune agricole résulte de l'élevage du bétail. Dès lors, comment pourront-ils profiter de la loi, s'ils ne sont pas autorisés à warranter le bétail qu'ils ont dans leurs étables (1)? A l'appui de cette opinion, citons l'exemple d'un paysan qui a deux chevaux dans son écurie et qui ne peut pas payer ses moissonneurs. Faut-il le mettre dans l'alternative de vendre ses chevaux, dont il a grand besoin pour son exploitation, ou de vendre son blé en herbe? Ne vaudrait-il pas mieux lui permettre de contracter un emprunt sur ses chevaux ou sur ses récoltes, ce qui lui permettrait de payer ses moissonneurs? Malgré tous ses efforts, M. Jean Codet n'a pas pu faire adopter cette manière de voir par la Chambre. On lui a répondu qu'il fallait assurer au prêteur une garantie solide, non sujette à des fluctuations; or, « qu'y a-t-il de plus aléatoire et de moins stable que le bétail », disait le rapporteur. La maladie le compromet et la

(1) Voir *Journal officiel* du 1er avril 1898 (Séance de la Chambre du 31 mars).

mort peut le faire disparaître (1) ! D'un autre côté, il faut mettre l'agriculteur en garde contre lui-même et ne pas lui ouvrir trop largement le champ de l'emprunt.

On a fait observer également que la loi avait pour but de permettre de warranter à domicile les objets mobiliers qui pourraient être warrantés aux magasins généraux, que, par suite, les animaux ne rentrant pas dans ce cas, il n'y avait pas lieu de les comprendre dans l'énumération. Tous ces arguments sont plus spécieux que véritablement fondés. Est-il bien certain que le législateur de 1898 se soit exclusivement proposé de permettre le warrantage à domicile des seuls objets qui pouvaient être warrantés dans les docks ? Nous en doutons fortement. La vérité est que le Parlement s'est effrayé d'une loi qui *lui semblait* devoir compromettre le privilège du bailleur. Nos députés et nos sénateurs ont craint que les fermiers aux abois ne fassent argent de tout, aux dépens de leurs propriétaires, et dans la crainte des abus, ils ont limité autant que possible le nombre des objets warrantables.

Ceci nous amène à parler d'un amendement très judicieux présenté au Sénat par M. Savary. Cet amendement était ainsi conçu :

« A la fin du deuxième paragraphe de l'article 1er

(1) Ici encore, il eût fallu étudier l'intervention possible des assurances contre la mortalité du bétail.

« comprenant l'énumération des produits suscepti-
« bles d'être warrantés, il faut ajouter la disposition
« suivante : *Cette limitation ne se rapporte qu'aux*
« *warrants délivrés aux locataires ou aux fermiers.*
« *Le propriétaire pourra faire warranter tous les*
« *objets mobiliers, tous les produits agricoles ou*
« *industriels ainsi que tous les animaux qui sont sa*
« *propriété.* »

En somme l'idée n'était pas mauvaise. Dès l'instant que la préoccupation supérieure qui a dominé la
préparation de notre loi a été celle de sauvegarder
les intérêts du propriétaire par la limitation des produits que le fermier pourrait engager, cette préoccupation devait disparaître quand le propriétaire,
exploitant lui-même, devenait emprunteur. En effet,
il ne pouvait plus être question dans ce cas de protéger le fameux privilège du bailleur ! Il eut donc été
tout naturel, ce nous semble, d'autoriser l'agriculteur-
propriétaire à warranter tous les produits de son exploitation.

Nous avons admis que pour les locataires et fermiers, une limitation s'imposait, mais comme c'est
là une entrave apportée à l'exercice de la loi, nous
voudrions qu'elle ne fût tolérée que dans la mesure
où elle est indispensable. Elle devrait disparaître dès
qu'elle cesse d'être nécessaire. Malheureusement, il
n'en est pas ainsi, et de ce fait, les warrants agricoles
ne donneront pas tous les résultats qu'on eût pu

attendre d'eux. Pour se consacrer trop exclusivement
à l'étude du cas où l'agriculteur est un fermier, le
législateur ne s'est pas aperçu que le cas contraire
est beaucoup plus fréquent. Si on avait adopté l'a-
mendement Savary, les propriétaires *non exploitants* qui confient leurs terres à des fermiers auraient
eu leur privilège protégé exactement de la même façon qu'en ce moment, et au surplus, les très nombreux propriétaires exploitants auraient bénéficié
d'un plus large crédit. En outre, certains d'entre
eux qui s'occupent uniquement de l'élevage du bétail, auraient pu profiter sans danger d'une loi qui,
en l'état actuel, leur est absolument inutile.

Le Sénat n'en a pas jugé ainsi et l'amendement a
été repoussé. Il est assez curieux d'étudier l'argument
dont M. le Ministre de l'agriculture s'est servi pour
le combattre. Il a prétendu qu'on devait s'attacher
à créer le warrant agricole en lui donnant le même
caractère qu'au warrant commercial, à la condition
toutefois que le magasin général soit constitué dans
le domicile même de l'agriculteur.

« Autre chose, disait-il, est de créer le warrant
« agricole sous la forme que j'indique, et de prêter
« sur gage sur le mobilier de la ferme. Il y a là une
« distinction à établir entre le *warrant* et le *crédit
« mobilier agricole*. Il vaudrait mieux discuter l'a-
« mendement Savary sous forme d'une proposition
« de loi spéciale. Pour le moment, le Sénat doit se

« hâter de voter le projet de loi tel qu'il est (1). »

Nous nous demandons s'il est réellement indispensable que le warrant agricole ait le même caractère que le warrant commercial. Faut-il en vérité s'efforcer d'enserrer dans des cadres identiques des objets de forme différente ?

Cela nous semble plutôt extraordinaire ; cependant M. le Ministre ne s'en tient pas là : il prétend que l'amendement Savary conduirait la loi un peu plus loin que son titre le lui permet. On serait en plein dans le crédit agricole mobilier !

Mais les warrants agricoles ne font-ils donc pas partie de cette question ? Et même si on admet qu'il y ait une distinction à établir, quel inconvénient y aurait-il en définitive, à faire d'une pierre deux coups ? M. le Ministre croit indispensable de voter deux lois différentes pour obtenir un résultat qu'une seule loi, plus complète, permettrait d'atteindre ; il nous est difficile de partager sa manière de voir.

Citons pour terminer une observation assez ingénieuse qu'on a opposée à M. Savary. En voici la substance : quand l'agriculteur est propriétaire des immeubles qu'il exploite, les animaux et le matériel faisant partie de l'exploitation, sont généralement *immeubles par destination*, en sorte que les comprendre dans l'énumération de l'article 1er, ce serait

(1) *Journal officiel* du 9 juillet 1898 (Séance du Sénat du 8 juillet.

faire une confusion entre le privilège et l'hypothèque.

Ceci peut être vrai dans certains cas, mais pas toujours. Il faudrait pour élucider ce point, faire plusieurs distinctions ; nous ne voulons pas nous y attarder, mais il nous paraît regrettable qu'on ait mis un peu trop de hâte à régler une question qui réclamait beaucoup de prudence. On ne saurait toutefois faire à nos représentants un reproche de leur célérité : elle est trop inaccoutumée pour qu'il soit permis de leur en tenir rigueur. Leurs intentions étaient d'ailleurs excellentes, puisqu'ils voulaient terminer la loi de façon à en faire profiter l'agriculture dès la prochaine récolte. Son application pratique nous montrera bientôt s'il y a lieu de la revoir et de la modifier.

L'article 1er de la loi nous dit en parlant des produits warrantables que l'agriculteur peut emprunter sur les produits provenant de *son exploitation, énumérés ci-dessous*.

Il ne faut pas perdre de vue qu'un cultivateur ne saurait légalement warranter une récolte composée de ses propres produits *s'ils étaient mélangés avec d'autres qu'il se serait procurés en dehors de chez lui*.

En outre, et dans un but de sécurité pour le prêteur, on ne peut warranter, nous le savons déjà, que les seuls produits dont notre loi donne la nomenclature.

La pensée du législateur est très louable : il a voulu, nous l'avons dit, limiter l'emprunt sur récoltes à des produits de valeur et de conservation moyennes. Mais toute énumération limitative est forcément incomplète et, en dehors des omissions volontaires, on peut constater l'absence de certains produits qui pourraient, sans inconvénient, figurer sur la liste. C'est ainsi qu'aux termes rigoureux de la loi, il n'est pas permis de warranter les pommes à cidre, qui ne peuvent être assimilées aux « fruits séchés » prévus par notre texte. Les paysans de l'Ouest seraient cependant heureux de pouvoir les donner en gage. Il n'y aurait, d'ailleurs, aucun inconvénient à cela, attendu que les pommes à cidre sont un produit dont la valeur n'est pas très variable et dont la conservation est suffisante pour permettre de les garder jusqu'au moment le plus favorable à la vente. Il en va de même pour les pommes de terre et aussi pour les feuilles de tabac détachées des plantes et emmagasinées dans les séchoirs des fermes.

Nous citerons encore un produit qu'il est très regrettable de ne pas voir figurer dans l'énumération de l'article 1er, c'est le *liège*.

La plus grande partie des habitants de la région forestière des Maures, en Provence, vit de l'industrie des bouchons. Beaucoup de paysans qui ne possèdent pour toute fortune que quelques arpents de chênes-liège auraient grand intérêt à bénéficier de

la loi nouvelle, grâce à laquelle ils jouiraient d'un
crédit assez facile. Ils devront cependant y renoncer,
attendu que le liège ne peut être considéré comme
une « *écorce à tan* » et qu'il n'y a dans notre texte
aucune rubrique à laquelle on puisse le rattacher.
Ce serait pourtant un des produits réunissant les
meilleures conditions pour être warranté, car il se
conserve très bien et fort longtemps, même en plein
air.

D'autre part, il a une valeur assez élevée, qui ne
tombe jamais au-dessous d'un minimum connu. Quoi
qu'il en soit, nous ne croyons pas qu'on puisse, au
moins pour le moment, constituer un warrant sur
une récolte de liège.

Citons encore parmi les marchandises qui ne peuvent être données en gage, les immortelles pour les
couronnes funéraires. La culture de ces fleurs se fait
sur une vaste échelle dans le Var, principalement
sur la partie du littoral comprise entre Toulon et la
Ciotat.

Il est regrettable que les cultivateurs de ce pays
ne puissent emprunter sur un produit si bien indiqué pour le warrantage. Les immortelles sont, en
effet, à peu près inaltérables et d'un écoulement très
facile.

Il nous reste à parler d'une autre lacune de la loi.
Nous faisons allusion aux horticulteurs dont on ne
paraît pas avoir fait le moindre cas. Il y en a cepen-

dant beaucoup dont les serres sont remplies de plantes ornementales de la plus haute valeur susceptibles de former un gage sérieux (1). C'est une idée que personne n'a exposée, ni défendue, lors de la discussion de la loi devant les Chambres. Nous le regrettons vivement, car les horticulteurs ont aussi grand besoin de crédit.

Il convient donc de faire des vœux pour que, dans l'avenir, notre énumération prenne une extension nouvelle proportionnée aux nécessités de l'usage pratique.

Passons maintenant à une autre face de la question. Nous avons dit que la nomenclature de l'*article premier* avait un caractère limitatif.

Qu'arriverait-il s'il se produisait une infraction à cette disposition de la loi ? En supposant qu'un emprunteur demande à un bailleur de fonds de lui faire des avances sur des produits non warrantables et que le bailleur de fonds consente à lui prêter sur ces produits, quelle serait la conséquence de cette operation ?

(1) Nous ne croyons pas qu'on puisse nous opposer que ces plantes doivent être considérées comme des récoltes « pendantes par racines », bien que cette objection paraisse d'abord naturelle. Il nous semble que pour être considéré comme pendant par racines, il faut qu'un produit ne devienne utilisable que quand il est séparé des racines ou quand il est arraché. Or les végétaux dont nous voulons parler se trouvent plantés dans des godets ou dans des cuvelles transportables et, en cet état, ils constituent une véritable marchandise.

Nous croyons qu'il n'y aurait délit ni pour l'un ni pour l'autre. Le législateur a énuméré les produits soumis au warrantage, mais il n'a pas prévu le cas où un emprunt serait fait en dehors de la nomenclature que nous connaissons. Si le fait se produisait, il ne comporterait donc pas la sanction pénale.

Cependant, un tel contrat serait nécessairement nul, comme étant contraire à la loi (1).

(1) En effet, la loi énumérant tous les produits warrantables, prohibe implicitement le warrantage de ceux qu'elle n'a pas désignés. Un warrant gagé sur des récoltes qui ne figurent pas sur la liste de l'article 1er ne peut avoir d'existence légale.

CHAPITRE IV

DES CONDITIONS D'ÉTABLISSEMENT DU WARRANT AGRICOLE.
— RESPONSABILITÉ DU GREFFIER. — CIRCULATION DES
WARRANTS.

A. — Occupons-nous d'abord de la façon dont va être constitué le warrant et des formalités qui entourent la création de ce titre.

C'est le greffier de la justice de paix du canton du domicile de l'emprunteur qui est chargé de délivrer les warrants agricoles (1).

Il convient de remarquer que la loi, en désignant le greffier du domicile de l'emprunteur, n'a envisagé que le cas le plus ordinaire, c'est-à-dire celui où les objets qui doivent former le gage se trouvent au domicile de l'emprunteur.

Mais si l'on supposait un emprunteur voulant engager les produits d'une exploitation agricole qu'il possède dans un autre canton, il faudrait admettre que c'est le greffier de ce dernier canton — c'est-à-

---

(1) M. Gaston Méric dans une brochure qu'il a publiée sur les warrants agricoles voudrait transférer aux receveurs d'enregistrement, le rôle confié au greffier. Nous devons avouer que les raisons qu'il en donne ne nous ont pas paru décisives.

dire de celui où est située l'exploitation — qui doit délivrer le warrant. Le contraire semblerait peu logique.

En effet, prenons pour exemple un emprunteur domicilié à Paris qui prétendrait emprunter sur les récoltes qu'il affirme posséder en Médoc ou en Bourgogne. Peut-on admettre que les greffiers de paix de Paris lui délivrent pareil warrant ? On se demande quelle garantie pourrait offrir une telle valeur, qui se rattacherait bien plutôt au crédit personnel de l'emprunteur qu'au crédit mobilier.

Nous nous rallierons donc à l'opinion de M. Beyne qui, en matière de warrants agricoles, reconnaît la compétence au greffier du lieu où se trouvent les produits à warranter (1).

Ce greffier inscrira sur un registre à souche établi spécialement à cet effet, et d'après la déclaration de l'emprunteur, la nature, la quantité et la valeur des produits qui devront servir de gage à l'emprunt, ainsi que le montant des sommes à emprunter.

La feuille détachée de ce registre deviendra le warrant qui permettra au cultivateur de réaliser son emprunt.

Il faut maintenant faire une distinction entre l'emprunteur qui est propriétaire du fonds et celui

______

(1) *Contrà*, Louis Perrin, *Les warrants agricoles*.

qui ne l'est pas. Ce dernier ne pourra warranter ses récoltes que sous une condition particulière : il devra obtenir l'assentiment préalable de son propriétaire et ce dernier aura la faculté de le lui refuser, dans le cas où il lui serait dû des termes échus. Nous trouvons l'origine de ce droit d'opposition dans le projet de Mahy et Léon Say, déposé en 1879. Cette disposition restrictive était justifiée par la nécessité de sauvegarder le privilège du bailleur.

Voici comment M. Josseau s'exprimait à ce sujet :

« A l'égard du privilège du propriétaire, nous croyons que, s'il doit être réduit à d'équitables proportions, lorsqu'il s'agit de loyers à venir, il ne faut pas y toucher en faveur du prêteur sur gages, sans que le propriétaire ait été mis en mesure d'examiner s'il a intérêt à s'y opposer. »

Le législateur de 1898 s'est inspiré de la même pensée, il n'a pas voulu que le gage du bailleur pût être diminué malgré lui : aussi le droit d'opposition a-t-il été maintenu dans la nouvelle loi. Voici donc comment devra procéder l'emprunteur fermier. Il écrira au propriétaire une lettre d'avis, avec toutes les énonciations exigées par la loi (art. 2, § 1) et la remettra au greffier de paix du canton qui, après l'avoir visée, la fera parvenir à son adresse, en demandant à la poste un avis de réception.

La loi nous dit que cette lettre devra être adressée

au propriétaire, à l'usufruitier, ou à leur *mandataire légal.*

Les premiers termes sont très explicites, mais il est permis de se demander quelle est la signification précise des mots mandataire légal.

Il y a dans notre législation trois sortes de mandats :

1° *Le mandat légal* (Ex. : celui du père administrant les biens de ses enfants, ou celui du mari gérant les propres de sa femme) ;

2° *Le mandat judiciaire* (Ex. : celui qui est établi par l'article 112 du Code civil, pour l'administration des biens d'un absent) ;

3° *Le mandat conventionnel* (Ex. : celui qui résulte d'une procuration).

Dans ces conditions, il nous paraîtrait extraordinaire que la loi eut fait allusion au seul mandat légal, dans le sens exact et juridique du mot.

S'il en était ainsi, il faudrait supposer que le fermier d'un absent, dont les terres sont administrées par un mandataire judiciaire, peut warranter ses récoltes sans avertir personne et que le fermier exploitant une terre dont le propriétaire a délégué l'administration à un tiers, en vertu d'une procuration, est également libre d'emprunter à sa guise sur ses récoltes. Des dispositions aussi anormales ne seraient nullement justifiées et il ne nous paraît pas possible de les admettre.

Nous croyons que le législateur a voulu désigner par les mots *mandataire légal*, tout mandataire régulier, sans prévoir les conséquences de sa terminologie inexacte (1).

Ceci étant établi, revenons au droit d'opposition. Le propriétaire a été averti du projet d'emprunt de son fermier (2), que va-t-il faire? Dans le cas où il a des craintes pour le paiement de son fermage, il ne demanderait pas mieux que de pouvoir s'opposer à l'emprunt. Mais il n'en a le droit que *si des termes échus* lui sont dus. En dehors de cette hypothèse, il est impuissant. Cette disposition a donné lieu à de longues discussions au Sénat et à l'amendement de M. Théodore Girard dont voici la teneur :

« Rédiger comme suit le troisième paragraphe de l'article 2 :

« Le propriétaire, l'usufruitier ou le mandataire légal désigné, pourront, dans le cas où des termes échus leur seraient dus. *ou encore ce qui garnirait le fonds loué, non compris les objets warrantés, serait d'une valeur insuffisante pour répondre des termes courants et de ce qui concerne l'exécution*

(1) En ce sens, Cf. Louis Perrin. *Les warrants agricoles*, p. 16.
(2) S'il s'agit d'un *colon partiaire*, le droit d'opposition pourra-t-il également s'exercer? Nous le croyons, car la loi y soumet tous les cultivateurs qui ne sont pas *propriétaires* ou *usufruitiers* de leur exploitation. De plus, toute la récolte du colon partiaire est le gage du propriétaire pour le paiement du reliquat du compte à rendre à ce dernier (Loi du 18 juillet 1889, art. 10).

*du bail, dans un délai de douze jours francs, à partir
de la lettre recommandée, s'opposer au prêt sur les
dits produits* par une autre lettre adressée au greffier du juge de paix et également recommandée (1). »

M. Théodore Girard se montre partisan de la loi, qu'il déclare excellente quand elle a pour effet de favoriser le cultivateur, en lui permettant de se procurer du crédit, mais il craint qu'elle ne soit moins bonne lorsqu'elle fournira à des gens besoigneux le moyen de prolonger une situation pécuniaire embarrassée. Dans cette hypothèse, elle ne ferait que créer, au détriment des privilèges déjà admis par le droit civil, un nouveau privilège, d'autant plus préjudiciable aux autres, que ce serait le seul qui pourrait s'exercer utilement après les frais de justice.

Ces considérations étant établies, M. Théodore Girard en arrive à la discussion de son amendement. Il résulte, nous dit-il, de l'article 2 (§ 3) du projet, que le propriétaire, l'usufruitier ou le mandataire légal pourront s'opposer au prêt, quand des *termes échus* leur seront dus, *mais cette mesure est insuffisante pour protéger les droits du propriétiare*. En effet, même dans le cas où aucun terme ne lui serait dû, le propriétaire pourrait avoir de légitimes inquiétudes au sujet du paiement de ses fermages, si

(1) *Journal officiel*, 9 avril 1898 (Séance du Sénat, 8 avril 1898).

la situation de son fermier lui paraissait très embarrassée.

Il serait bon qu'en pareil cas il pût, par précaution, s'opposer au warrantage des récoltes. Mais, comme des contestations s'élèveraient fréquemment à ce sujet entre le propriétaire et le fermier ; l'un refusant son consentement à l'emprunt sous prétexte que ce qui lui resterait comme gage serait insuffisant ; l'autre affirmant au contraire, que le mobilier de la ferme, le bétail ou les récoltes pendantes représentent amplement la valeur du fermage à échoir ; M. Girard voudrait que ces litiges fussent portés, *en référé*, devant le juge de paix afin de recevoir une prompte solution.

De cette façon, serait écartée l'objection qui consiste à prétendre que le propriétaire pourra entraver le fonctionnement de la loi par une crainte exagérée de perdre ses fermages, ou simplement par caprice. Il est certain, en effet, que le juge de paix ne lui permettrait pas de faire opposition sans motif sérieux.

Malgré les efforts de M. Théodore Girard, l'amendement n'a pas été adopté par le Sénat. D'ailleurs le Ministre l'avait vivement combattu et il annonçait en conclusion, qu'en l'adoptant, on allait voter l'acte de décès de la loi nouvelle. Il n'en fut dès lors plus question.

A propos des mots *termes échus*, M. Guibourg de

Luzinais demanda s'il était nécessaire que *plusieurs termes* fussent dus au propriétaire pour que celui-ci eût le droit d'empêcher l'emprunt. La réponse de M. le Ministre de l'agriculture montra qu'il ne fallait pas prendre les mots *termes échus* dans leur sens rigoureux. Il est admis qu'on entend par là *un ou plusieurs termes*. Même dans le cas où il ne serait dû qu'une partie du dernier terme, le fermier ne pourrait emprunter sans l'agrément du propriétaire.

Quant au délai de l'opposition qui était de dix jours francs dans le projet Méline, il a été modifié et porté à douze jours francs dans le texte définitif. Il ne pouvait guère être question de l'augmenter davantage, sans risquer de ne rendre l'emprunt possible que quand il serait devenu inutile : le mécanisme du warrantage agricole doit pouvoir fonctionner rapidement.

Le point de départ du délai a subi aussi, en dernier lieu, une modification. Le projet du gouvernement le faisait partir de l'avis de réception de la poste, c'est-à-dire du jour où le propriétaire avait été touché par la lettre d'avertissement. La loi, telle qu'elle a été votée, le fait courir du jour même de l'envoi de la lettre par le greffier.

Disons maintenant que le droit d'opposition du propriétaire a été plusieurs fois considéré comme inutile par la critique. M. Hogrel notamment, dans son remarquable travail sur les warrants agricoles, ne s'en montre pas partisan (1).

Son raisonnement est celui-ci : Puisque le fermier peut vendre ses produits sans l'assentiment du propriétaire, il doit pouvoir, à plus forte raison, les donner en gage.

Nous croyons cette déduction plus spécieuse que véritablement fondée. En effet, le fermier pourra bien vendre, mais à condition que le propriétaire ne fasse pas pratiquer *une saisie-gagerie*. Or il ne manquera pas d'avoir recours à ce moyen s'il s'aperçoit d'un déplacement de meubles, de fruits ou d'objets quelconques. Remarquons qu'il pourra faire une saisie-gagerie en vertu d'une ordonnance du juge, non seulement pour les termes échus, mais pour les *termes à échoir*. Il faut ajouter que le propriétaire a aussi la ressource de la *saisie-rerendication*. Il pourra, dans les quarante jours, en vertu d'une ordonnance du Président du tribunal, s'opposer à ce que les produits soient détournés et les revendiquer entre les mains des tiers détenteurs.

La vente n'est donc possible que sous la réserve de ces divers moyens d'opposition mis par la loi à la disposition du propriétaire. Dès lors, quoi d'anormal à ce qu'il lui soit permis de faire opposition au warrantage (2)?

(1) Emile Hogrel, *Des warrants agricoles*, p. 57.
(2) D'ailleurs, le fermier honnête ne saurait avoir à souffrir du

Nous croyons, pour notre part, le droit d'opposition très justifié et nous serions même disposé à approuver l'extension que voulait lui donner M. Théodore Girard, sénateur, par l'amendement dont nous avons parlé plus haut. Le privilège du bailleur doit être protégé tant contre les emprunts, que contre les ventes qui pourraient en neutraliser l'effet.

La proposition Delaunay et le projet Méline avaient de plus grandes exigences au point de vue des conditions d'établissement du warrant. M. Delaunay voulait imposer une expertise des produits à warranter et le prélèvement de trois échantillons de la marchandise. Ces mesures, qui nous paraissaient excellentes, n'ont cependant pas été maintenues dans le nouveau texte.

Il va sans dire, toutefois, que les parties restent libres de faire procéder, par précaution, à ces formalités qui demeurent facultatives, mais que les prêteurs exigeront presque toujours, dans la pratique. Dans ce cas, le greffier devra en faire mention sur son registre à souche.

Quant au projet Méline, il établissait l'assurance obligatoire des produits devant former le gage. Les

droit d'opposition. Il ne se verra jamais refuser l'autorisation d'emprunter, car le propriétaire, même non payé, à tout intérêt à le voir améliorer sa situation. Seul le fermier connu pour sa mauvaise foi pourra être exposé à voir son propriétaire prendre des précautions contre les détournements de nature à compromettre sa créance.

Chambres n'ont pas admis cette disposition, mais il nous semble que, par mesure de prudence, les bailleurs de fonds exigeront le plus souvent l'assurance des produits sur lesquels ils prêteront. Quoi qu'il en soit, le greffier devra indiquer sur son registre à souche si le produit est, ou non, assuré. — Nous donnons ci-après la reproduction d'une feuille de ce registre à souche.

JUSTICE DE PAIX d_________ N°____

DÉPARTEMENT d_________

WARRANT AGRICOLE
(Loi du 18 juillet 1898).

(1) Emprunteur. { Nom........... Prénoms........ Domicile......... Qualités.........

(2) Montant des sommes à emprunter.

(3) Produit warranté. { Nature......... Valeur......... Quantité......... Situation.........

(4) Nom et adresse du propriétaire, de l'usufruitier ou de leur mandataire légal.

Et date à laquelle l'avis de l'emprunteur lui a été envoyé.............

Date de la réception du consentement du propriétaire, de l'usufruitier ou de leur mandataire légal ou mention de l'absence d'opposition dans les douze jours de l'envoi de l'avis.............

Mention de l'assurance ou de la non-assurance du produit warranté.........

(5) Nom et adresse de l'assureur.........

A_________, le_________19__.

Le greffier de la justice de paix,

Date du remboursement de l'emprunt et radiation de l'inscription..........

WARRANT AGRICOLE. — LOI DU 18 JUILLET 1898.

N°____

JUSTICE DE PAIX d_________

DÉPARTEMENT d_________

WARRANT AGRICOLE
(LOI DU 18 JUILLET 1898)

M (1)_________

a déclaré vouloir emprunter la somme de

(2)_________

sur (3)_________

M (4)_________

a reçu l'avis prescrit par l'article 2 de la loi du 18 juillet 1898. Il n'a pas formé opposition.

La marchandise qui fait l'objet du présent warrant a été assurée par M. (5)_________

Timbre de la justice de paix.   A_________, le_________19__.

Le greffier de la justice de paix,

PREMIER ENDOSSEMENT

Bon pour le transfert du présent warrant à l'ordre de
M. ....

demeurant à ....

sur garantie de la somme de ....

payable le ....
intérêts compris.

A .... , le .... 19___.

WARRANT AGRICOLE. — LOI DU 18 JUILLET 1898.

TRANSCRIPTION DES ENDOSSEMENTS ULTÉRIEURS AU WARRANT

DÉSIGNATION DU WARRANT	DATES DE LA TRANSCRIPTION	NOMS ET DOMICILES DES CESSIONNAIRES

B. *Responsabilité du greffier*. — Les indications
relatives à la valeur, à la qualité et à la quantité de
la marchandise warrantée sont fournies par l'emprunteur. En cas de fraude de la part de ce dernier,
nous croyons que la responsabilité du greffier serait
à couvert. En effet, la circulaire ministérielle du
16 août 1898 est très explicite, elle dispense complètement le greffier de rechercher si les récoltes annoncées par l'emprunteur existent bien dans ses bâtiments ou sur ses terres.

Au point de vue du ministre, il y aurait en là une
entrave au fonctionnement de la loi.

Il n'en est pas moins vrai que le greffier, bien qu'il
ne puisse donner aucune garantie, est souvent in-
terrogé, à titre officieux par les prêteurs sur warrants. Connaissant ordinairement la situation des
principaux habitants du pays, il est en mesure de
fournir des renseignements utiles. Une des premières maisons de banque de Bordeaux s'est même dé-
cidée à ne jamais escompter les warrants agricoles,
qui n'auraient pas été constatés et expertisés par le
greffier qui a délivré le titre de gage (1).

---

(1) M. Pouget, greffier de paix du canton de Lesparre, à l'obli-
geance de qui nous devons de précieux renseignements sur la
question des warrants, croit que la Chancellerie a dénaturé la
portée de la loi en réduisant à trop peu de chose le rôle des greffiers et son opinion nous paraît très justifiée. Du reste, la loi a
été trop hâtivement votée pour que les détails pratiques en aient
été sérieusement étudiés.

M. Pouget, dont le mérite professionnel autant que la compé-

Toutefois, si la responsabilité de cet officier ministériel peut être invoquée pour garantir la sincérité des indications portées sur le warrant, il y a cependant certaines circonstances où elle pourrait se trouver engagée.

Supposons qu'à la suite d'une inadvertance, les énonciations du warrant ne soient pas conformes à celles qui figurent sur la souche du registre déposé au greffe.

On peut admettre, par exemple, que le warrant mentionne une assurance, tandis que la souche porterait l'indication contraire.

Cette contradiction pourrait facilement donner lieu à un litige dans lequel le greffier serait nécessairement mis en cause et devrait répondre de sa légèreté. Il en serait de même si la nature, la quantité

tence juridique recommandent hautement les observations, rencontre à chaque instant des questions qui n'ont été ni traitées ni même abordées par le législateur. C'est ainsi qu'en cas de renouvellement d'un warrant, il croit qu'il y a lieu d'indiquer l'opération sur le nouveau titre afin de ne pas lui faire perdre le rang qui était attribué à la première valeur au point de vue du privilège. Sur ce point cependant, le texte est muet.

La question des femmes séparées de biens a également son importance et n'est pas résolue. En Médoc, par suite de la débâcle de ces dernières années, beaucoup de propriétaires sont séparés de bien d'avec leurs femmes. Les revenus des propriétés de celles-ci leur appartiennent donc en propre. Par conséquent, on ne voit pas trop quelle serait la valeur négociable d'un warrant souscrit par le mari, s'il n'était pas le mandataire de sa femme, en vertu d'un pouvoir régulier. La loi ne s'explique pourtant pas sur ce cas et il y a encore beaucoup d'autres détails de ce genre qui n'ont pas été prévus par le législateur.

et la valeur des marchandises n'étaient pas identiquement précisées dans les deux parties du registre à souche.

Examinons maintenant le cas où un emprunt aurait été annulé, comme contraire à la loi, en raison de ce qu'il était garanti par des produits non warrantables.

Serait-il possible de faire remonter la responsabilité de cette nullité au greffier qui a reçu les déclarations des parties.

Ce point est assez douteux ; le texte de la loi ne nous donne pas d'explications à ce sujet, mais une circulaire de M. le Ministre de la Justice, en date du 16 août 1898 prescrit aux greffiers de « prendre garde que la lettre d'avis au propriétaire ne vise pas des produits autres que ceux déclarés warrantables ».

Il semblerait donc que les greffiers *doivent* refuser la délivrance d'un warrant gagé sur des produits qui n'entrent pas dans l'énumération de l'article 1er. S'ils en usaient autrement, peut-être aurait-on le droit de leur demander compte de leur négligence.

C. *Circulation des warrants*. — Au point de vue de leur circulation, les warrants agricoles sont assimilés aux effets de commerce. par l'article 8 de notre loi, qui crée même, en leur faveur, un avantage particulier. Le législateur se fiant à la valeur représentative et à la solidité du gage agricole a voulu

rendre plus facile l'escompte des nouveaux warrants.

On sait que les grands établissements de crédit
n'acceptent les effets de commerce qu'avec la garantie de plusieurs signatures. La Banque de France
notamment, ne peut escompter que les seules valeurs
signées par trois personnes notoirement solvables (1).
Il n'en va pas de même pour les warrants agricoles
qui, grâce au régime de faveur établi par la loi de
1898, pourront être escomptés par les établissements
publics de crédit avec dispense de l'une des signatures ordinairement exigées (2). C'est pour les warrants, un avantage de première importance.

Cependant la grande mobilité de ces valeurs pouvait présenter certains inconvénients auxquels on a
essayé de remédier par une disposition spéciale. En
effet, quand le débiteur, se trouvant en mesure de
se libérer, voudra rembourser son emprunt (3), il
devra rechercher le porteur actuel du warrant. Mais
comme ce titre passe incessamment de mains en
mains, la besogne ne serait pas toujours facile, si la
loi n'avait pas prévu le cas. Heureusement les prescriptions de l'article 9 aplanissent à peu près la diffi-

(1) Décret du 16 juin 1808, art. 11.
(2) Le même régime de faveur est appliqué aux warrants commerciaux. L. 28 mai 1898, art. 11.
(3) Au sujet du *paiement* nous donnerons des explications dans
les chapitres consacrés aux droits de l'emprunteur et aux droits
du prêteur.

culté, en enjoignant à chaque escompteur de donner immédiatement avis de son opération au greffier qui a délivré le warrant.

De cette façon, l'emprunteur peut toujours se renseigner au greffe, afin de savoir à qui il devra s'adresser quand il voudra payer sa dette. Il est à remarquer toutefois que ce mode de renseignement n'est pas parfait.

Dans certains cas, malgré l'avertissement adressé par chaque escompteur au greffier, il sera difficile de connaître, à coup sûr, le porteur du titre de gage. Voici pourquoi : le warrant circulant avec une extrême facilité pourra avoir été cédé par le dernier escompteur quelques instants avant que celui-ci reçoive les offres de l'emprunteur.

Quand elles lui parviendront, il ne sera déjà plus porteur du warrant et le nouvel escompteur ne sera pas encore connu du débiteur. Dans cette hypothèse, il faudra nécessairement recommencer les offres, et il n'est pas certain que le même cas ne se représentera pas plusieurs fois successivement.

CHAPITRE V

Après avoir étudié les formalités qui entourent la création du warrant, nous avons vu que ce titre peut circuler à peu près de la même façon qu'un effet de commerce. Mais les obligations de l'emprunteur, ainsi que ses droits, présentent, d'après la nouvelle loi, certaines particularités que nous allons examiner dans ce chapitre.

Quand un cultivateur aura obtenu du greffier de paix de son canton la délivrance de son titre, il lui restera à chercher un bailleur de fonds qui veuille bien avancer tout ou partie de la somme indiquée sur le bulletin de gage. Jusqu'à présent, l'application de la loi a donné certains mécomptes à ce point de vue et nous connaissons un grand nombre d'exemples de warrants qui n'ont pas trouvé de prêteurs. En effet, les grands établissements de crédit mettent d'ordinaire peu d'empressement à se charger du nouveau papier agricole, auquel la méfiance des particuliers ne réserve pas un meilleur accueil.

Nous aurons à nous occuper de cette situation

quand nous en serons arrivé à l'étude des meilleurs moyens d'utiliser le warrantage agricole.

Admettons pour le moment qu'un cultivateur ayant besoin d'argent trouve un capitaliste décidé à lui faire un prêt sur gage et voyons ce qui va arriver.

Le cultivateur commencera par endosser son warrant au bénéfice du prêteur, dont la créance sera, dès lors, garantie par la récolte warrantée.

A partir de ce moment, l'emprunteur devient, vis-à-vis de son créancier, responsable de la conservation de la marchandise, et cela sans indemnité. Il devra veiller sur elle avec le plus grand soin, comme s'il s'agissait d'une chose lui appartenant, car il aurait à répondre de sa négligence, le cas échéant.

En outre, la détérioration volontaire des marchandises engagées, ou leur détournement, l'exposeraient aux rigueurs de la loi pénale. En un mot, il est astreint à toutes les obligations du dépositaire (1), sauf à celle qui interdit la vente de l'objet déposé. Ce dernier point est cependant vivement controversé. Nous y reviendrons bientôt.

Disons maintenant qu'aux termes de la loi de juil-

___

(1) La marchandise engagée constituant un *corps certain*, l'emprunteur dépositaire ne serait pas tenu de sa perte par cas fortuit. C. civ., 1302,1929.

Mais il est à peine besoin de faire remarquer que s'il se trouvait dans ce cas, dispensé de représenter *la chose* il n'en resterait pas moins débiteur de la somme empruntée.

let 1898, la responsabilité de l'emprunteur ne va pas jusqu'à la nécessité de faire assurer la marchandise donnée en gage. Le législateur a pensé que le principe de l'assurance obligatoire touchait à trop de questions pour qu'il pût être résolu incidemment par une loi spéciale (1).

Toutefois si l'assurance n'est pas imposée par le texte, elle sera d'ordinaire exigée par le prêteur qui ne consentira qu'à cette condition à faire l'avance demandée.

Cette précaution, bien naturelle d'ailleurs, rend la garantie plus complète. En effet, le deuxième alinéa de l'article 4 autorise le transport du privilège du prêteur sur l'indemnité payée par la Compagnie d'assurance, au cas où une récolte assurée et donnée en gage aurait péri fortuitement.

Le rapporteur de la loi déclare que comme il y a là une dérogation au droit commun et à la jurisprudence établie, une disposition formelle était nécessaire pour la consacrer.

M. Louis Perrin (2) ne comprend pas cette nécessité en présence de l'article 2 de la loi du 19 février 1889 qui porte : « Les indemnités dues par suite d'assurance contre l'incendie, contre la grêle, contre

(1) Ce n'était pas l'avis de M. Méline, qui, dans le projet du Gouvernement, avait admis la nécessité de l'assurance obligatoire.

(2) Louis Perrin, *Le warrant agricole*, p. 28.

la mortalité des bestiaux, ou les autres risques, sont attribuées, sans qu'il y ait besoin de délégation expresse, aux créanciers privilégiés ou hypothécaires suivant leur rang. »

On trouverait cependant une explication à l'article 4 (2e alinéa), nous dit-il en substance, si on admettait que le privilège dont il s'agit est limité aux seules indemnités d'assurance, alors que le privilège établi par la loi du 19 février 1889 s'étend *aux indemnités dues par le locataire ou le voisin* (d'après les articles 1733 et 1382 du Code civil). Mais dans ce cas, n'y aurait-il pas lieu de regretter cette restriction ?

Supposons maintenant qu'un prêteur imprudent n'ait pas exigé l'assurance de son gage. Quelle va être la situation en cas de perte involontaire fortuite ?

Évidemment, il perdra son privilège, mais il conservera une action personnelle contre son débiteur. C'est ce dernier qui devra supporter le dommage. Il faut cependant admettre que dans la pratique, la perte sera pour le créancier, dont le recours est le plus souvent illusoire, en raison de l'insolvabilité du cultivateur après la disparition du gage.

Mais revenons aux obligations de l'emprunteur sur warrants. Plusieurs commentateurs de la loi nouvelle (1) pensent qu'il ne peut disposer en aucune

____

(1) MM. Beyne et Hogrel.

façon de la marchandise engagée et qu'il doit la restituer dans l'état où il l'a reçue. Nous sommes loin de partager cette opinion qui nous paraît contraire au vœu de la loi.

En effet, pourquoi l'agriculteur a-t-il warranté sa récolte ? Nous savons que c'est en vue d'obtenir un double résultat : *il veut se procurer sur le champ l'argent qui va lui servir à payer ses frais de production tout en gardant chez lui ses produits, afin de les vendre au moment favorable.* Si la vente lui est interdite, il était bien inutile de lui permettre de contracter un emprunt qu'il ne pourra pas rembourser.

Car enfin comment veut-on qu'il puisse rembourser dès l'instant qu'il ne peut pas vendre ? Son crédit est épuisé, les fonds qu'il s'était procurés ont été affectés au paiement de son arriéré (1), de telle sorte qu'il n'aura, pour se libérer, que la ressource de laisser vendre par autorité de justice, les récoltes warrantées, avec tous les frais et tous les inconvénients qui s'attachent à ces sortes d'opérations. Il ne valait pas la peine de voter une loi nouvelle pour en arriver à un aussi piètre résultat.

C'est pourtant à cette solution que conduit directement la théorie de M. Viger, ministre de l'agriculture.

(1) Frais de production.

Nous transcrivons ici sa réponse à une question qui lui avait été posée sur ce sujet :

« Messieurs, dit-il, lorsqu'un agriculteur aura « emprunté sur sa récolte et que le gage sera cons- « titué entre ses mains, *il sera exactement dans la* « *situation d'un commerçant qui a déposé des objets* « *dans un magasin général et qui a créé un war-* « *rant à l'aide de ces objets. Tant qu'il ne sera pas* « *dégagé de son warrant, il ne pourra pas vendre* « *les objets qui constituent le gage.* »

A notre avis, cette déclaration contient une grosse erreur : il est absolument inexact que les marchandises warrantées commercialement ne puissent être vendues qu'après le remboursement du warrant. Cette idée est en contradiction évidente avec l'article 4 de la loi du 28 mai 1858 ainsi conçu : « L'en- « dossement du récépissé transmet au cessionnaire « le droit de disposer de la marchandise, à la charge « par lui, lorsque le warrant n'est pas transféré avec « le récépissé, de payer la créance garantie par le « warrant, ou d'en laisser payer le montant sur le « prix de la vente de la marchandise. »

Donc, en réalité, toute marchandise warrantée commercialement peut être vendue par celui même qui l'a engagée, grâce au mécanisme du récépissé. Il doit en être de même pour les récoltes données en gage d'après les principes de la loi de 1898 ; seulement comme le nouveau warrantage ne comporte pas de récépissé, nous admettrons que la vente pourra se faire tout simplement dans les formes ordinaires.

L'absence du récépissé ne saurait, selon nous, impliquer l'indisponibilité des produits warrantés (1).

En résumé, il faut conclure que M. le Ministre de l'agriculture n'a pas suffisamment médité sa réponse. Nous ne croyons pas qu'il ait eu raison de soutenir l'inaliénabilité des marchandises données en gage et il nous parait évident qu'il s'est fortement illusionné en appuyant son affirmation sur une analogie purement imaginaire.

Celui qui a emprunté sur ses récoltes n'a pas abandonné ses droits de propriétaire : il est toujours libre de les exercer, sous certaines réserves. Sur quoi donc se fonderait-on pour l'empêcher de vendre, dès l'instant qu'il affectera le prix de la vente à l'affranchissement du warrant ?

Du reste, nous le répétons, la faculté de disposer du gage nous parait une condition indispensable, en

____

(1) Le récépissé a été supprimé un peu à la légère. Devenu inutile en tant que *récépissé proprement dit*, il aurait pu être dépouillé de son ancienne forme pour ne conserver que le rôle d'instrument de transmission de propriété. De cette façon on n'aurait pas été amené à contester à l'emprunteur son droit de vente, qui lui est indispensable. Quoi qu'il en soit, nous croyons que si le législateur avait eu l'intention de prohiber la vente du gage, il se serait certainement exprimé d'une manière catégorique. Il nous parait probable qu'un point aussi important aurait fait l'objet d'une disposition spéciale et explicite.

l'absence de laquelle la loi perdrait toute son utilité et nous sommes fermement persuadé que l'application pratique du warrantage nous donnera raison.

On ne voudra pas, au nom d'un principe contestable, stériliser les effets d'une réforme qui pourrait être la base de notre Crédit agricole mobilier.

Cependant il faut avouer que la libre disponibilité du gage peut présenter de graves inconvénients.

Aussi bien, dans le but de donner des garanties plus sérieuses au prêteur, en le mettant à l'abri des éventualités désagréables qui peuvent résulter pour lui de la vente des produits warrantés, nous croyons qu'il y aurait lieu d'apporter quelques modifications au texte actuel.

Voici ce que nous proposerions :

L'emprunteur ne pourra vendre les produits engagés qu'à la condition de prévenir le prêteur ou le porteur actuel par lettre recommandée avec avis de réception. La livraison n'aura lieu qu'après l'arrivée de l'avis de réception. En outre, l'emprunteur qui vend, exigera de son cessionnaire, une déclaration par laquelle ce dernier attestera qu'il connait l'existence et le montant du warrant. Le cessionnaire ne pourra revendre la marchandise qu'après avoir payé entre les mains du prêteur ou du porteur actuel le montant du warrant en capital et en intérêts. Il y aura pour cela un délai de huit jours. Faute par les intéressés de se conformer aux prescriptions ci-dessus, ils seraient poursuivis et punis conformément aux lois qui répriment l'abus de confiance.

Il nous semble que ces dispositions constitueraient une sorte de purge spéciale, capable de sauvegarder tous les intérêts.

En effet, quel est le plus grand danger que puisse courir le prêteur, en cas de vente du produit warranté ? C'est évidemment le passage de ce produit entre les mains d'un insolvable ou encore d'un acheteur de bonne foi, ignorant l'existence du warrant. D'une façon générale, c'est la possibilité de ventes successives qu'il ignorera, ou qui seront faites dans des conditions contraires à ses intérêts.

Or, grâce à notre combinaison, ces éventualités ne seront plus à redouter. S'il y a vente, le créancier sera prévenu immédiatement et l'acheteur ne pourra revendre sa marchandise qu'après l'avoir purgée du warrant qui l'affecte. En cas de non-paiement dans les huit jours, le créancier reprendra son gage, ou le fera vendre.

Faisons remarquer que ces formalités ne rendraient pas sensiblement plus difficile la vente des objets warrantés. Les acquéreurs honnêtes ne sauraient, ce nous semble, être intimidés par un moyen simple et facile d'affranchir de toute charge l'objet qu'ils achètent. Quant à l'emprunteur, il aurait un moyen de vendre sa marchandise sans que la créance de son prêteur soit compromise.

Peut-être pourrait-on reprocher à notre combinaison de ne pas favoriser la vente à terme, puisqu'elle impose l'affranchissement du warrant dans les huit jours. Nous sommes obligé de reconnaître qu'il y a là une petite difficulté, mais elle nous paraît inévitable. Il ne faut pas oublier cependant que le montant du warrant, une fois remboursé, l'excédent du prix pourrait être payé plus tard, si les parties le jugeaient convenable.

Quoi qu'il en soit, l'objection nous paraît sans importance, attendu que les emprunteurs sur warrant auront d'ordinaire des besoins immédiats au moment de la vente. Ils ne vendront donc jamais à terme, du moins dans la généralité des cas.

Un autre argument qui nous sera certainement opposé, c'est le retard occasionné par la nécessité de prévenir le créancier. Comme les produits agricoles warrantables se vendent le plus souvent sur les marchés publics ou dans les foires et, comme d'autre part, les acheteurs sont souvent pressés, ils pourront hésiter devant les formalités à remplir.

A la vérité, c'est là le point faible de notre système ; mais la possibilité de vendre, même avec certains inconvénients, n'est-elle pas de beaucoup préférable à l'indisponibilité radicale de la marchandise ?

Il nous reste maintenant à donner des explications sur un autre droit institué par la loi de 1898, en faveur de l'emprunteur et dont la critique n'est pas unanime à apprécier les avantages.

Nous voulons parler de la faculté du remboursement anticipé qui résulte de l'article 7.

A notre point de vue, cette anomalie constitue pour le cultivateur ayant besoin de warranter ses récoltes, une faveur plus apparente que réelle.

En effet, dans la plupart des cas, les prêts sont remboursés à une échéance déterminée et acceptée d'avance par les deux parties, qui choisissent précisément la date dont leurs intérêts réciproques peuvent le mieux s'accommoder.

Il est vrai que l'article 1187 du Code civil déclare que le terme est toujours présumé en faveur du débiteur, mais ce principe n'est applicable que *dans le cas où il n'y a pas de stipulations contraires.*

Quant à la loi de 1858 sur les warrants commerciaux, elle a mis le prêteur à l'abri d'un remboursement prématuré, en obligeant le débiteur, qui veut se libérer avant le terme, à payer les intérêts de sa dette *jusqu'à l'échéance*. La loi s'est montrée rigoureuse afin que les capitalistes ne soient pas intimidés par la menace d'un remboursement inattendu qui leur ferait perdre des intérêts sur lesquels ils avaient compté.

Le législateur de 1898 a négligé cette précaution et dans la pensée de créer pour l'agriculture un régime de faveur, il a décidé que l'emprunteur sur récoltes aurait toujours le droit d'imposer à son bailleur de fonds un remboursement anticipé, sans qu'aucune stipulation contraire soit possible.

Quant aux intérêts, au lieu d'être exigibles jusqu'à l'échéance primitivement convenue, ils ne seront dus que pour une période de *dix jours* après le remboursement.

Dans le cas où le prêteur ne voudrait pas recevoir de paiement avant l'échéance, l'emprunteur aurait recours à la procédure rapide et facile organisée par l'article 7 de la loi : en premier lieu, sommation par ministère d'huissier d'avoir à accepter des offres réelles, puis consignation de la somme due à la Caisse des Dépôts et Consignations et enfin ordonnance rendue par le Juge de paix (sur le vu de la quittance de consignation) transportant le gage sur la somme consignée.

Ce régime spécial nous paraît inspiré par un excès de sollicitude à l'égard des cultivateurs. Nos représentants auraient dû penser qu'il est des armes à deux tranchants et qu'une protection excessive est parfois inefficace. Nous regrettons, pour notre part, que la nécessité de payer tous les intérêts de la dette, jusqu'au terme convenu, ait disparu de la nouvelle loi. Dans les conditions actuelles, l'éventualité d'une restitution anticipée n'encouragera guère les capitalistes. Ceux-ci pourront hésiter à faire des placements sur récoltes warrantées ou, en tout cas, se montrer plus exigeants. Il se pourrait même qu'en raison de l'innovation introduite dans la loi nouvelle, celle-ci ne produisît pas les effets sur lesquels on avait compté. M. Gaston Méric, dans son étude sur les warrants agricoles, a, comme nous, cette crainte et il propose de supprimer l'article 7 pour le compenser par une faveur d'un autre genre qui serait plus utile aux agriculteurs et intimiderait moins les capitalistes. Au lieu d'avoir le droit de se libérer avant l'échéance, l'emprunteur aurait la faculté de faire proroger pendant six mois, ou un an, la date du remboursement (1).

En cas de prorogation, le prêteur se trouverait avoir fait une opération, à plus long terme, mais qui ne serait pas moins avantageuse. Du reste, en consentant un prêt sur warrant, il serait prévenu que l'échéance pourra être reculée dans certaines limites et il prendrait ses précautions en conséquence.

Sa garantie ne serait pas moindre puisque les produits warrantables ont été choisis parmi ceux qui sont susceptibles de se conserver le plus longtemps.

Quant à l'emprunteur, cette mesure serait pour lui très précieuse. Il arrivera souvent, en effet, qu'à la suite de circonstances particulières, les cours d'une marchandise warrantée ne se seront pas relevés avant l'échéance du warrant, ou même qu'ils auront baissé à ce moment. Dans le premier cas, l'em-

______

(1) Il est vrai que dans l'état actuel de notre loi, l'emprunteur peut obtenir du prêteur le renouvellement du titre. Mais il faut avoir soin de remarquer, que le renouvellement, n'étant pas obligatoire, pourra être refusé par le prêteur.

prunteur n'aura retiré aucun bénéfice de son opération et dans le deuxième cas, il subira une perte sèche.

Supposons, au contraire, qu'il ait le droit de faire prolonger son warrant pour quelques mois, ou pour une année, il aura alors des chances de traverser un moment plus favorable à la vente de ses marchandises. A ceci, on répondra qu'il était facile de stipuler dès le début que le warrant serait remboursable après deux ans au lieu de l'être après une année, ou après six mois. Cette objection nous paraît sans grande portée, si l'on songe que la prorogation demandée a pour but de faire face aux *circonstances imprévues*.

Quoi qu'il en soit, la proposition de M. Méric ne nous paraît pas sans intérêt, et nous souhaitons qu'il en soit tenu compte, si, comme nous l'espérons, la loi sur les warrants agricoles est un jour remaniée.

Disons maintenant que le débiteur qui a remboursé son warrant devra le faire constater au greffe (1) où il réclamera un *certificat de radiation* de son inscription (2). Nous donnons ci-après un modèle de ce certificat.

(1) D'après notre opinion, ce ne sera pas toujours l'emprunteur qui viendra justifier du paiement de la dette contractée. En effet, si la marchandise warrantée a été vendue, le cessionnaire, après avoir payé le créancier gagiste, va faire constater au greffe que les produits dont il s'est rendu acquéreur sont désormais affranchis.

(2) M. Perrin dans son excellent commentaire de la loi du 18 juillet 1898, fait remarquer que le certificat de radiation est improprement désigné par le texte sous le nom de *récépissé*.

Le greffier ne reçoit pas la radiation ; il l'opère.

Fac-similé du certificat de radiation.

CERTIFICAT DE RADIATION DE WARRANT

(Art. 6 de la loi du 18 juillet 1898)

Le greffier de la justice de paix du canton d______

___________ certifie que M_________________

a remboursé le warrant n°_________ qui lui avait été

remis le_______________ pour gager un emprunt

de ___________________ ainsi que cela résulte

de ___________________________________

et par suite que l'inscription dudit warrant a été

radiée ce jour.

A_____________, le ___________ 189__.

Le greffier de la justice de paix
du canton d__________

Arrivons ensuite au cas où l'emprunteur a laissé passer l'échéance de son warrant, sans en effectuer le paiement. Cette hypothèse sera examinée dans le chapitre suivant.

CHAPITRE VI

A. — C'est surtout une raison de symétrie qui
nous a conduit à faire figurer dans le titre de ce chapitre les obligations du prêteur. Elles ne présentent
en réalité que peu d'intérêt et, du reste, deux des
principales nous sont déjà familières.

On se souvient, en effet, que le prêteur est tenu
d'avertir le greffier de la justice de paix au moment
où il endosse le warrant au profit d'un tiers (1) et on
n'a pas davantage oublié que le bailleur de fonds ne
saurait se soustraire à un remboursement anticipé
toujours facultatif pour le débiteur.

Les autres obligations auxquelles peut se trouver
soumis le créancier gagiste n'apparaissent qu'en cas
de non-paiement. Elles se rattachent surtout à la
procédure qu'il devra suivre dans l'exercice de ses
revendications. Aussi, est-ce en étudiant cette dernière question que nous allons avoir l'occasion de
les signaler.

(1) Ce n'est pas seulement le prêteur, mais tous les porteurs qui
sont astreints à cette formalité.

Supposons que le warrant ne soit pas remboursé, à la date de l'échéance, le prêteur aura bien le droit de faire vendre le gage pour se couvrir de sa créance, mais il devra, au préalable, avertir son débiteur par une lettre recommandée (1).

En outre, il ne pourra agir qu'après un délai de huit jours à dater de l'avertissement (2).

Telles sont les obligations auxquelles le prêteur est tenu de se conformer pour pouvoir bénéficier de ses droits. On voit qu'elles ne sont pas rigoureuses car le délai de huit jours expiré, il pourra faire procéder par un officier ministériel à la vente publique aux enchères de la marchandise engagée sans être astreint à d'autres formalités. La nécessité du protêt disparaît complètement et cette formalité est remplacée par la lettre d'avis dont nous avons parlé.

Toutefois, ce point est controversé. M. Beyne prétend que le porteur du warrant est simplement dispensé de la *dénonciation du protêt à son cédant*, dénonciation imposée par l'article 165 du Code de

(1) Par qui devra être expédiée cette lettre d'avis ? Est-ce au créancier, ou bien au greffier que devra en incomber le soin ? L'article 10 est muet sur ce point, mais il nous semble que, par analogie, le greffier doit être chargé de faire parvenir l'avertissement, puisqu'il est, d'autre part, chargé d'expédier la lettre que le cultivateur fermier écrit à son propriétaire quand il a l'intention de warranter ses récoltes.

(2) C'est-à-dire à dater de la *réception* de la lettre d'avertissement par le destinataire. Faisons remarquer aussi que le délai de huit jours doit être franc, par application du droit commun, puisque la loi n'établit aucune disposition contraire.

commerce.Mais, ajoute-t-il, il n'est nullement question de la dispense de la formalité (acte de protêt) exigée par l'article 162 du même Code (1). Nous avons le regret de n'être pas, sur cette question, du même avis que M. Beyne.

Le rapporteur de la loi dit expressément « qu'il « n'y avait pas à introduire les règles du protêt dans « une matière essentiellement civile » (2).

Il ne faut donc, croyons-nous, faire aucune distinction. Le protêt n'est pas requis et il est remplacé par la lettre d'avis au débiteur du warrant. Puisqu'on voulait surtout donner à notre loi une grande souplesse de fonctionnement — afin d'attirer les capitaux vers les placements agricoles — il fallait nécessairement la débarrasser de toutes les complications, même légères, pour qu'elle devînt vraiment d'une application facile et se recommandât par sa simplicité.

Jusqu'à présent, nous avons supposé que c'est le prêteur lui-même, qui, n'étant pas payé à la date convenue, va se préoccuper de faire vendre son gage. Il nous faut maintenant envisager une autre hypothèse : le warrant a été successivement escompté par

---

(1) Cf. P. Beyne, *Les warrants agricoles*, p. 54.

(2) De ce que la matière est *essentiellement civile*, il doit résulter que les warrants agricoles ne sont pas complètement assimilables à des effets de commerce et que c'est devant les tribunaux civils que devra être porté le recours tant contre l'emprunteur que contre les endosseurs (Louis Perrin, *Les warrants agricoles*, p. 45).

des tiers et le dernier d'entre eux, faute de paiement
à l'échéance, va exercer ses droits sur les produits
affectés à sa garantie. Ce cas est prévu par l'article 12
de notre loi, dont nous citons les termes :

« *Le porteur du warrant perd son recours contre les*
« *endosseurs s'il n'a pas fait procéder à la vente dans le*
« *mois qui suit la date de l'avertissement. Il n'a de recours*
« *contre l'emprunteur et les endosseurs qu'après avoir*
« *exercé ses droits sur les produits warrantés. En cas d'in-*
« *suffisance, le délai d'un mois lui est imparti, à dater du*
« *jour où la vente de la marchandise est réalisée, pour*
« *exercer son recours contre les endosseurs.* »

Le recours du porteur contre les endosseurs et le
prêteur doit donc s'exercer dans un temps très court,
à peine de déchéance. Mais pourquoi, va-t-on se
demander, le tiers porteur d'un warrant s'expose-
t-il à être évincé s'il n'agit pas dans un temps déterminé, alors que le prêteur n'est soumis à aucune
condition de ce genre ?

Voici la raison de cette apparente anomalie. Si le
tiers porteur conservait indéfiniment son recours il
pourrait arriver qu'après avoir fait parvenir au débiteur l'avertissement exigé par l'article 10, il ne se
préoccupât plus de faire vendre, se trouvant suffisamment garanti par son recours contre les endosseurs intermédiaires. Mais la situation de ces derniers eût été, dans cette hypothèse, très désagréable ;
aussi est-ce pour l'améliorer, en leur évitant d'être
indéfiniment tenus, que la loi a fixé un délai au delà

duquel le tiers porteur perd ses droits. De cette façon, il se hâtera de faire vendre. D'ailleurs, grâce à une autre précaution également dictée par l'intérêt du prêteur et des endosseurs, le tiers porteur ne pourra se retourner contre eux qu'après avoir exercé ses droits sur la marchandise warrantée (1). Donc, il faudra, de toute nécessité, qu'il en vienne à faire pratiquer la vente et si le produit en est insuffisant pour le couvrir de sa créance, il s'adressera aux endosseurs intermédiaires, mais pour exercer ce recours, il n'aura encore qu'un délai d'un mois, et cela en raison de motifs identiques à ceux que nous venons d'établir, à propos du délai pendant lequel il peut faire vendre.

En conclusion, on voit que les restrictions apportées aux droits du créancier sont pleinement justifiées.

Il y avait d'abord, ainsi que nous l'avons dit, à tenir compte de l'intérêt des endosseurs et, en second lieu, il fallait éviter une suite inutile de recours successifs qui se seraient produits, si le porteur s'était adressé d'abord au plus récent escompteur, qui lui-même se serait retourné contre le précédent et ainsi de suite jusqu'à ce qu'on en arrivât au prêteur. C'eût été ce dernier qui, finalement, eût fait

____

(1) Jusqu'à due concurrence et après une estimation faite par expert.

vendre. La disposition adoptée par notre loi coupe court à ces lenteurs.

Il y a maintenant lieu de se demander si, dans le silence de la loi, le créancier (porteur ou prêteur), peut se faire attribuer, en cas de non-paiement, le gage sur lequel il a prêté.

Le Code civil, au titre du nantissement (art. 2078), autorise ce mode de libération, *pourvu que le créancier ait fait ordonner en justice que le gage lui demeurera en paiement.*

Il doit en être de même dans le cas de prêt sur warrant agricole, car il ne nous paraît pas naturel de présumer que le silence de la loi sur ce point équivaut à une interdiction implicite.

B. — Nous avons vu que tout porteur d'un warrant agricole, s'il n'est pas payé à l'échéance, a le droit, moyennant certaines formalités, de faire vendre la marchandise affectée à sa garantie. Ce n'est pas tout, et son droit de vente est complété par un avantage particulier qui lui assure le premier rang parmi les créanciers. En effet, le porteur de warrants est payé le premier, sans autre déduction que celle des contributions directes et des frais de vente et sans autre formalité qu'une ordonnance du juge de paix (1).

(1) M. Hogrel nous dit dans son commentaire, que les frais de justice passent ordinairement avant les créances du Trésor.

Il devrait en être de même ici et, à ce point de vue, l'article 11 de notre loi nous semble, comme à lui, mal rédigé.

Quant au privilège du bailleur, il n'existe pas, en ce qui concerne les récoltes warrantées, dès l'instant que le propriétaire ne s'est pas opposé à leur warrantage. — La situation du prêteur qui fait vendre est donc excellente au point de vue de la sécurité de sa créance.

Nous apprécierions beaucoup cette faveur particulière, destinée à diriger vers nos campagnes les capitaux dont l'agriculture a tant besoin, si elle ne devait pas entraîner une conséquence des plus fâcheuses, mais nous ne pouvons nous empêcher de remarquer que pour donner au prêteur sur warrants une situation privilégiée, on lui a sacrifié des créances qui méritent cependant le plus haut intérêt. Nous voulons parler des *frais de semence* et des *frais de récolte de l'année*.

Les fournisseurs de graines, les ouvriers qui ont fauché les foins ou vendangé le raisin, ont été des instruments indispensables à la production et, sans leur concours, l'agriculteur n'aurait rien pu récolter. Dans ces conditions, leurs créances ne devraient-elles pas occuper le premier rang ? Il en va de même pour les frais faits en vue de la conservation de la chose. Cependant, ces considérations, malgré leur importance, n'ont pas prévalu dans l'esprit du législateur, qui n'en a pas tenu compte.

Il n'y a guère que M. Théodore Girard, sénateur, qui soit entré dans cet ordre d'idées, en demandant au Gouvernement quelle situation serait faite aux créanciers ayant privilège général sur les meubles, notamment aux domestiques. Malheureusement, il ne parvint pas à faire trancher la question et le texte est muet sur ce point. Il faut donc appliquer strictement les dispositions de l'article 11 et admettre que la créance du porteur de warrants prime toutes les autres, sauf les restrictions que nous avons indiquées relativement au Trésor et aux frais de justice (1).

Cette nécessité nous paraît regrettable, car la protection accordée au prêteur sur gage agricole pourra, par répercussion, atteindre l'élément le plus pauvre de la population rurale. En effet, les ouvriers des campagnes, les bergers et les valets de ferme se trouveront désormais insuffisamment protégés. Il est clair que leur recours contre un patron de mauvaise foi sera paralysé par une fin de non-recevoir trop facile à invoquer.

A leurs réclamations, le patron n'aura qu'à répondre : je ne possède rien et ma dernière récolte est warrantée ; vous n'avez aucun droit sur elle avant que mon prêteur ait exercé les siens, s'il y a lieu.

Vienne l'échéance et, faute de paiement, la vente

(1) S'il restait un excédent après le paiement de la dette, il reviendrait naturellement à l'emprunteur, ou à celui qui aurait acheté les marchandises warrantées (à moins qu'il ne fût absorbé par d'autres créances). Mais, à défaut de réclamations, ce reliquat serait déposé à la Caisse des Dépôts et Consignations.

par autorité de justice, le plus souvent les enchères ne dépasseront pas le montant du warrant. La créance du prêteur absorbera tout. En somme, on aura obtenu un résultat tel que par une sorte de choc en retour, notre loi va pouvoir léser les intérêts de ceux qu'elle devait indirectement protéger. C'est un grave danger qu'il eût été possible de conjurer, croyons-nous, si la meilleure place parmi les créanciers n'avait pas été réservée au prêteur. Il n'aurait pas fallu sortir ici des principes de notre droit civil.

Les capitalistes sont toujours libres de ne prêter que sur une garantie qui leur paraît suffisante et ils n'ont pas besoin d'un supplément de protection, tandis que les ouvriers agricoles, trop heureux d'accepter le travail qui leur est offert, n'ont généralement pas la faculté de choisir leur patron. Il paraîtrait donc bien naturel que la loi nouvelle eût donné à leurs droits une meilleure sauvegarde.

Que si toutefois, on nous oppose la nécessité d'attirer le capital dans les campagnes, par un régime d'exceptionnelle sécurité, nous répondrons qu'en aucun cas, une faveur ne saurait être fondée sur une injustice.

C. — La question que nous venons d'étudier nous amène à constater que les tiers qui entreront en relations avec l'emprunteur auront le plus grand intérêt à connaître la situation de ce dernier, afin de savoir s'il ne leur faudra pas compter avec la

créance privilégiée d'un créancier gagiste. Nous
allons donc nous préoccuper de savoir dans quelle
mesure les intéressés seront admis à consulter les
registres du greffe, contenant l'indication des emprunts sur warrants agricoles.

L'article 5 déclare que *les greffiers sont tenus de
délivrer à tout prêteur qui le requiert, avec autorisation de l'emprunteur, copie des inscriptions d'emprunt faites par l'emprunteur, ou certificat établissant qu'il n'en existe aucune.*

Telle est la publicité donnée par la nouvelle loi
aux emprunts sur récoltes, mais peut-on vraiment
se servir du mot « publicité », en parlant d'un acte
qui ne peut être connu qu'avec le secours d'une autorisation spéciale ? En tout cas, cette publicité nous
paraît singulièrement restreinte. Cependant, le
capitaliste qui avance des fonds sur une récolte a le
plus grand intérêt à savoir si cette récolte n'est pas
déjà warrantée d'autre part, et il devrait être libre
de se renseigner à ce sujet, sans la permission de
son emprunteur.

On a objecté que le cultivateur, étant naturellement défiant, aime à traiter ses affaires « dans une
sorte de mysticisme, qui convient à son caractère
peu expansif » (1). C'est possible, mais ce n'est pas
une raison pour que les tiers qui sont en affaires

(1) E. Hogrel, *op. cit.*

avec lui soient privés des garanties auxquelles ils ont droit. Le projet du Gouvernement ne tenait pas compte de ce caractère sournois des paysans. Il organisait largement la publicité du warrant agricole en obligeant le juge de paix à communiquer les inscriptions d'emprunt à tous les prêteurs qui demanderaient à les connaître. Il aurait peut-être mieux valu que cette disposition fut maintenue dans le texte définitif. Les agriculteurs auraient fini par s'y habituer et les tiers auraient pu surveiller leurs intérêts plus commodément.

D'ailleurs, aux termes de l'article 2196 du Code civil les registres des conservateurs des hypothèques sont publics, puisqu'on doit en délivrer des extraits à *tous ceux qui le requièrent,* et cette facilité de renseignements ne soulève pas de trop grandes protestations. Dans ces conditions, et dès l'instant que les opérations concernant le Crédit immobilier sont publiques, on ne voit pas pourquoi celles qui se rattachent au Crédit mobilier pourraient plus facilement se dissimuler.

Quoi qu'il en soit, il est évident que notre législateur n'a voulu donner aux warrants agricoles qu'une publicité très réduite, mais nous ne croyons cependant pas qu'il faille s'en tenir rigoureusement au texte. A notre avis, les mots *délivrer à tout prêteur* que nous trouvons dans l'article 5 ne doivent pas être interprétés restrictivement.

Les prêteurs, en effet, ne sont pas les seuls à avoir besoin de connaître la situation de l'emprunteur.

Tous les tiers qui traiteront avec ce dernier auront le même intérêt et ils devront pouvoir obtenir du greffier un extrait des inscriptions d'emprunt ou un certificat négatif.

Nous donnons ci-contre des modèles de ces pièces.

Extrait des inscriptions d'emprunt

JUSTICE DE PAIX   COPIE

DU CANTON

d ______________   *des inscriptions d'emprunt sur warrant agricole.*

Contre M. ______________________________
Requise par M. ______________________________
en vertu de l'article 5 de la loi du 18 juillet 1898 sur les warrants agricoles.

1° ______________________________
2° ______________________________
3° ______________________________

Certifié sincère :

A ______________, le ______________ 190__. (heure).

Le greffier de la justice de paix
du canton d______________

Certificat négatif.

JUSTICE DE PAIX   CERTIFICAT

DU CANTON

d. . . . .   *délivré par le greffier de la justice de paix d______________, en exécution de l'article 5 de la loi du 18 juillet 1898 sur les warrants agricoles.*

Le greffier soussigné certifie que le sieur ______________
agriculteur demeurant à ______________
né le ______________, à ______________
n'a point warranté ______________
qu'il possède à ______________
et que la dite récolte est libre de tout emprunt fait en vertu de la loi sur les warrants agricoles et que le présent certificat vaudra comme certificat négatif.

A ______________, le ______________ 19__ (__ heure).

Le greffier de la justice de paix
du canton d______________,

CHAPITRE VII

A. *Référés.* — En matière de warrants agricoles, le juge compétent est le Juge de paix. C'est lui qui rendra les ordonnances prévues par les articles 7 et 11 et, de plus, l'article 14 attribue à ce magistrat la connaissance des cas de référé qui pourront se présenter dans l'application de la loi.

Nous lisons dans le rapport de M. Chastenet les lignes suivantes :

« Il est facile d'apercevoir que, dans des cas nom-
« breux, les rapports du créancier gagiste et de l'em-
« prunteur dépositaire peuvent nécessiter le recours à
« la procédure des référés, qui prévoit aux mesures
« d'urgence, sans préjuger du fond des contesta-
« tions.

« S'il fallait recourir dans tous les cas au Pré-
« sident du tribunal civil, on ne rencontrerait pas la
« rapidité et la simplicité que le projet de loi s'efforce
« de maintenir à l'institution nouvelle. Il était plus

« naturel de porter le référé devant le juge de
« paix. »

Cette extension de la compétence des juges de
paix constitue une grave dérogation aux principes
généraux de notre droit. Avant la loi de 1898, le
juge de paix ne statuait en référé que dans trois cas :
1° aux termes de l'article 594 du Code de procédure
civile (1) ;

2° En cas d'obstacle à propos de l'apposition des
scellés ;

3° En cas de difficulté pour la réception de marchandises transportées, mais seulement à défaut du
président du tribunal de commerce.

L'innovation apportée par l'article 14 est entièrement l'œuvre de la Commission. Ni la proposition
Delaunay, ni le projet Méline ne s'étaient occupés
de la question des référés.

A la Chambre, cette disposition n'attira pas l'attention des députés, mais au Sénat elle souleva une
assez vive discussion. M. Guibourg de Luzinais dé-
clara qu'il ne voyait pas sans inquiétude le magistrat cantonal chargé d'un nouveau cas de référé. — Il
craignait que ses connaissances juridiques ne soient
pas suffisamment étendues pour lui permettre de juger sans être exposé à léser des intérêts précieux.

(1) Art. 594. — En cas de saisie d'animaux et d'ustensiles ser-
vant à l'exploitation des terres, le juge de paix pourra, sur la demande du saisissant, le propriétaire et le saisi entendus ou appelés, établir un gérant à l'exploitation.

Un autre sénateur, M. de Chamaillard, s'écriait qu'en raison de cette extension de compétence, il faudrait changer le personnel des justices de paix.

A notre avis, ce sont là des exagérations qu'on ne comprend guère, surtout au moment où il est question d'attribuer aux juges de paix la connaissance de matières autrement compliquées que celles dont il s'agit.

Il est certain qu'un référé peut faire naître des questions délicates ; mais nous savons que la décision prise est provisoire, et qu'elle doit toujours pouvoir être rapportée sans dommage pour les intérêts engagés, c'est-à-dire sans que le fond du droit ait été compromis.

Du reste, nous sommes persuadé que si les juges de paix se pénètrent bien de la délicatesse de leur mission, ils seront toujours au-dessus des critiques qui leur ont été adressées. Nous ne devons pas oublier d'ailleurs que leur compétence, au point de vue du fond du droit, n'est pas augmentée par l'article 14.

M. Hogrel se demande, dans son *Commentaire*, si on trouvera, en pratique, des cas de référé. Pour sa part, il n'en voit point, hors le différend qui peut s'élever entre propriétaire et fermier à propos des termes échus : l'un prétendant n'être pas payé et l'autre affirmant ne rien devoir. Mais encore, nous

dit-il, cette question ne saurait donner lieu à un référé, puisqu'elle touche au fond du droit.

Pour notre part, nous ne regrettons pas l'article 14 et nous allons voir qu'il pourra trouver des
applications pratiques. C'est une nouvelle exception
apportée, il est vrai, aux principes généraux, mais
nous hésiterions cependant à la repousser.

Le législateur s'est surtout préoccupé de faciliter
le fonctionnement de la loi, et il a permis à l'agriculteur, comme au propriétaire, de faire juger leurs
petites contestations par voie de référé, sans sortir
du canton, afin d'éviter des déplacements coûteux et
inutiles.

Si les litiges, entre bailleur et fermier, à l'occasion des termes échus. ne peuvent faire l'objet d'un
référé, il y a d'autres difficultés qui pourront le rendre nécessaire.

Il est vrai, qu'on ne peut les prévoir toutes d'a-
vance, mais l'application de la loi nous en révèlera
certainement beaucoup. Pour le moment, citons en
deux exemples empruntés à M. Perrin :

« 1° On peut supposer tout d'abord une opposition
faite par le propriétaire dans le cas de l'article 2, mais
parvenant au greffe après l'expiration du délai de
douze jours.

« 2° On peut supposer encore que l'opposition est
fondée sur d'autres causes qu'une dette de fermage.
Dans ces deux cas. le greffier ne voulant pas se faire

juge de l'opposition et refusant la délivrance du warrant, le fermier devrait assigner le propriétaire en référé, pour faire prononcer la mainlevée de l'opposition.

Voici donc au moins deux hypothèses qui, à défaut d'autres, suffiraient à justifier l'innovation de l'article 14.

Mentionnons encore le cas où une contestation s'élèvera sur la question de savoir si les produits qui doivent servir de gage, entrent bien dans l'énumération de l'article 1er.

On pourrait aussi supposer une action intentée au greffier qui aurait donné copie des inscriptions d'emprunt, sans le consentement de l'emprunteur (2), ou encore une difficulté s'élevant entre le porteur et les endosseurs du warrant, à propos du recours qui pourrait être exercé contre ces derniers.

Du reste, nous le répétons, beaucoup de cas de référé se produiront dans la pratique et nous sommes convaincu que la nouvelle prérogative des juges de paix sera moins illusoire que M. Hogrel ne parait le croire.

La loi ne nous disant rien de la procédure à suivre, il semble qu'on devra s'en tenir aux dispositions

(1) L. Perrin, *op. cit.*, p. 49.

(2) Il est permis de se demander si, en pareil cas, le greffier n'encourrait pas les peines établies par l'article 378 du Code pénal, punissant la divulgation du secret professionnel.

ordinaires du Code de procédure civile (art. 800 et suivants).

B. *Pénalités*. — Nous n'avons pas grand'chose à dire des sanctions pénales édictées par l'article 13, attendu que le droit commun suffisait à réprimer les délits qui auraient pu se commettre à l'occasion du warrant agricole.

Toutefois, on ne saurait faire au législateur un reproche d'être entré dans le détail de la répression, car il a, de cette façon, affirmé de nouveau, et très nettement, l'applicabilité des peines punissant l'abus de confiance aux délits de détournement et de dissipation de récoltes warrantées. De plus, le texte prévoit la *détérioration volontaire* des produits engagés. C'est une extension de l'article 408 du Code pénal, qui ne renfermait pas cette disposition.

Disons encore, avec M. Chastenet (1), que de fausses déclarations sur la valeur, la quantité ou la qualité des marchandises gagées pourront amener l'emprunteur à tomber sous le coup de l'article 405 du Code pénal, punissant l'escroquerie (2). On devra tenir compte, s'il y a lieu, des circonstances atté-

(1) Rapport à la Chambre.

(2) On a préter du et M. le Ministre lui-même l'a dit au Sénat, qu'en vendant les marchandises warrantées, l'emprunteur encourrait les sanctions pénales prévues par la loi. Nous ne pouvons admettre cette opinion, car nous avons soutenu plus haut que les produits donnés en gage, pouvaient toujours faire l'objet d'une vente.

nuantes (art. 363, C. pén.). Il va sans dire que la loi Bérenger (L. 26 mars 1891) sera également applicable, le cas échéant. Quant à la poursuite, elle pourra s'exercer soit à la requète du Ministère public, soit à celle de la partie civile (C. Inst. crim., art. 1, 3, 182).

C. *Perte du warrant.* — Notre loi n'a pas prévu la perte du warrant. On peut donc se demander comment le porteur qui aura égaré son titre pourra arriver à se faire payer. Nous croyons qu'il faut ici se référer aux dispositions de la loi du 28 mai 1858, sur les **warrants** commerciaux, et les appliquer par analogie. Or l'article 13 de cette loi autorise le juge à ordonner le paiement de la créance garantie, lorsque le titulaire du warrant perdu pourra justifier de ses droits et donner caution. Il en sera de même en matière de warrants agricoles.

D. *Émoluments du greffier.* — Les émoluments du greffier de paix qui rédige le warrant avaient été primitivement fixés par un décret en date du 13 août 1898, mais des réclamations s'étant élevées de divers côtés au sujet de ce tarif, un nouveau décret modifiant celui du 11 août a été signé le 29 octobre 1898 et publié le 31 du même mois par le *Journal officiel*.

En voici les dispositions :

ART. 1er. — *Il est alloué aux greffiers de justice de paix :*

1° Pour toute mention sommaire sur le registre, autre que le registre à souche (art. 2), 0 fr. 25 ;

2° Pour la mention à inscrire au verso de la souche du warrant, après l'escompte ou le réescompte du warrant (art. 9), 0 fr. 10.

E. *Avantages fiscaux.* — Au point de vue fiscal, le législateur de 1898 a innové en créant des immunités auxquelles n'avaient songé ni M. Delaunay ni M. Méline.

En effet, sont dispensés des droits de timbre et d'enregistrement : les lettres prévues par les articles 2, 9 et 10 et leurs accusés de réception, la souche du registre institué par l'article 3, la copie des inscriptions d'emprunt, le certificat négatif et le récépissé des radiations mentionnées aux articles 5 et 6 de la loi.

La feuille détachée du registre à souche et qui deviendra le warrant au moyen duquel le cultivateur réalisera son emprunt, restera soumise au droit commun, c'est-à-dire qu'elle deviendra passible du droit de timbre des effets de commerce (0 fr. 05 0/0) au moment de sa transformation et de sa remise comme tel au prêteur.

L'enregistrement à 0 fr. 05 0/0 ne deviendra obligatoire que dans le cas de protêt.

Ainsi qu'on le voit, le législateur, dans le but de favoriser l'application de la loi, a débarrassé, dans une large mesure, les opérations du warrantage des taxes fiscales qui auraient pu en arrêter la vulgarisation.

Il y a néanmoins lieu de remarquer une bizarrerie du texte qui prévoit un cas où le droit d'enregistrement serait exigible ; c'est le cas où il y aurait protêt.

Or nous ne croyons pas, bien que l'opinion contraire ait été soutenue par des voix autorisées, que cette hypothèse d'un protêt puisse jamais se réaliser dans l'application de la loi. Nous n'avons pas à revenir sur ce point, au sujet duquel nous nous sommes expliqué plus haut.

Il nous reste à signaler une lacune du texte qui n'assimile pas explicitement au point de vue des *frais de vente*, en cas de non-paiement à l'échéance, les marchandises déposées dans les magasins généraux et les produits agricoles warrantés. Les premières bénéficient d'une taxe réduite, qui n'est malheureusement pas applicable aux produits agricoles warrantés, puisque les exceptions aux tarifs fiscaux ne peuvent être admises que dans les cas en vue desquels elles ont été spécialement créées.

Le but de la loi étant cependant celui d'assurer à l'agriculture les mêmes avantages qu'au commerce et à l'industrie, il est permis de s'étonner de cette anomalie, que le législateur ne saurait tarder à faire disparaître (1).

(1) Cf. *Revue politique et parlementaire* du 10 septembre 1899. Article de M. Pascaud, *Le warrantage des produits agricoles.*

CHAPITRE VIII

L'expérience de l'emprunt agricole mobilier a déjà été faite dans une certaine mesure et le législateur qui n'avait pas osé, jusqu'ici, l'organiser en France, en avait cependant permis le fonctionnement, *dans les colonies*.

En effet, les lois du 11 juillet 1851 et du 21 juin 1874, permettent de gager à domicile, les récoltes même pendantes (1). Et ce qui prouve que ce mode d'emprunt a été apprécié à sa valeur c'est le succès croissant qu'il a obtenu. Les prêts sur récoltes consentis par les Banques coloniales dans l'exercice 1896-1897, se sont élevés à *plus de 23 millions*, pour les trois colonies réunies de la Martinique, de la Guadeloupe et de la Réunion.

Ces résultats sont concluants et permettent d'espérer que le warrant agricole, ne tardera pas à prendre, dans la Métropole, un développement considérable.

(1) Loi du 11 juillet 1851, sur les banques coloniales, articles 8, 9, 10, 11, 12 et 15 (*Bulletin des Lois*, 1851, 2ᵉ semestre, nᵒ 419, p. 117).

Si maintenant nous jetons un rapide coup d'œil sur les législations étrangères, nous constaterons que nous avons été devancés par plusieurs de nos voisins, qui se sont aussi beaucoup préoccupés du Crédit agricole mobilier.

En *Roumanie*, une dérogation aux articles 1885 et 1688 du Code civil roumain, permet aux caisses agricoles de faire des avances sur les récoltes *engrangées ou pendantes*.

De même en *Portugal* le gage sans déplacement a donné d'excellents résultats.

En *Belgique*, le privilège du bailleur est modifié par la loi du 25 avril 1884 qui crée en faveur du prêteur sur récoltes un privilège analogue.

En *Italie*, une loi du 28 janvier 1887 s'exprime ainsi : « En garantie des prêts faits aux propriétaires ou locataires de propriétés rurales par des institutions de crédit agricole, il pourra être constitué un privilège spécial sur les produits de la terre et des arbres (*même si les récoltes ne sont pas encore faites*), sur les produits récoltés dans l'année, sur les denrées qui existent dans les habitations et bâtiments annexés aux propriétés rurales, sur les animaux, sur les machines et instruments ruraux et *sur tout ce qui à titre d'accessoire vif ou mort sert à garnir ou cultiver la propriété.* »

En *Russie*, la baisse des prix était telle, à la suite des grandes récoltes de 1893, que le gouvernement

dût prendre des dispositions spéciales. Si nous con-
sultons les statuts de la *Banque d'État russe* du
6-18 juin 1894, nous y rencontrons les lignes suivantes : « A l'égard des personnes qui inspirent
« toute confiance à la Banque, des prêts sur billets à
« une signature peuvent être consentis aux condi-
« tions de faveur ci-après : la Banque accepte comme
« gage des marchandises non portées sur la liste
« (art. 109). Les marchandises peuvent être laissées
« à la garde de l'emprunteur et le montant du prêt
« peut être porté à 75 0/0 de l'estimation. »

Nous devons ajouter que l'institution du prêt sur
récoltes par la Banque de l'Empire paraît avoir été
un bienfait pour la Russie et la Pologne, car elle a
libéré l'agriculteur des complications de la procédure
et des frais de justice (1).

De plus, le nouveau mode d'emprunt a heureusement permis aux populations rurales d'échapper aux
usuriers, qui, en Russie plus qu'ailleurs, sont une
plaie pour les campagnes.

Comme on le voit, toutes les réformes faites à l'é-
tranger, en vue de venir en aide à l'agriculture,
partent du même principe : l'emprunt sur les récoltes, et quelquefois sur les instruments d'exploitation,
au moyen du gage sans déplacement.

Il est facile de constater, en outre, que les lois

(1) Voir l'ouvrage de M. Ladislas Zakrzewski, *Dernières Institutions de crédit agricole en Russie.*

étrangères sont d'ordinaire plus libérales que la nôtre. Plusieurs notamment, admettent l'emprunt sur récoltes pendantes (Roumanie, Italie), mais l'Italie surtout a étendu le crédit de l'agriculteur jusqu'à s esplus extrêmes limites. Si, comme nous le verrons, notre loi sur les warrants ne correspond pas exactement à tous les besoins de nos cultivateurs, il est à craindre que la loi italienne ne leur ait au contraire accordé trop de facilités. Le crédit est une arme à deux tranchants dont il faut user avec mesure. Il est vrai que nous sommes actuellement dans une période d'expériences et qu'on ne saurait, par conséquent,être très affirmatif sur aucun point : l'avenir seul pourra nous donner les moyens d'organiser définitivement notre crédit agricole.

Quoi qu'il en soit, les pays étrangers n'ont pas hésité devant les réformes qu'ils ont cru propres à orienter les capitaux vers l'agriculture.

Il eût été moins humiliant pour nous de les devancer que de les suivre.

CHAPITRE IX

Nous avons vu ce qu'est la loi du 18 juillet 1898, il
nous reste maintenant à étudier dans quelles conditions elle sera susceptible de donner les meilleurs résultats.

Au premier abord, on pourrait voir un grave danger d'avortement pour les warrants agricoles dans
l'indifférence des bailleurs de fonds, qui seront souvent tentés de s'abstenir, en raison des risques nouveaux, auxquels l'emprunt sur récoltes pourrait les
exposer.

Un warrant sur les produits agricoles trouvera-
t-il *facilement* un prêteur (1) ? C'est fort douteux, et
il y en a deux raisons très simples : la première est
la méfiance des capitalistes en présence d'un prêt
qui peut leur paraître aléatoire, à cause du gage
qu'ils ne détiendront pas ; la seconde est leur hésita-
tion devant la difficulté de faire escompter le war-

(1) Nous connaissons plusieurs cas dans lesquels il n'a pas été
donné suite à des projets de warrantage faute de prêteur.

rant sur lequel ils auront prêté. En effet, les Banques qui, d'ordinaire, escomptent avec la plus grande facilité le papier de commerce, hésitent bien davantage quand il s'agit des nouveaux warrants. C'est là un genre d'opérations pour lequel elles ne sont pas organisées et auquel elles ne sont pas habituées.

Dans ces conditions, l'agriculteur qui veut emprunter pourra se trouver fort embarrassé et il verra souvent lui échapper un élément de crédit sur lequel il avait cru pouvoir sérieusement compter.

Les capitalistes refusant leur argent et les établissements de crédit marchandant leur concours, il est permis de se demander quel sera l'effet utile du warrantage agricole. — Nous serions obligé de convenir que cette réforme, si ardemment souhaitée, mentirait singulièrement à ses promesses s'il n'existait aucun moyen d'en féconder l'application.

Il n'en est heureusement pas ainsi, et grâce aux dispositions établies par les lois du 5 novembre 1894 et du 31 mars 1899, il sera toujours possible de trouver dans le warrantage des récoltes, une forme d'emprunt pratique et peu onéreuse.

En effet, point ne sera besoin pour les emprunteurs de faire appel aux capitalistes ou aux établissements de crédit. C'est sur place, au sein même de la population rurale, que nous allons trouver nos bailleurs de fonds ; et c'est précisément ce caractère essentiellement local et indépendant qui donne toute toute sa force au mode de crédit particulier dont nous allons indiquer le mécanisme.

Il est pour cela indispensable de fournir certaines explications sommaires sur la question des sociétés de crédit agricole, qui nous semble se rattacher étroitement à celle des warrants.

Les lois du 5 novembre 1894, du 18 juillet 1898 et du 31 mars 1899 se complètent l'une l'autre et forment un système de mesures, qui, sans résoudre complètement la question agricole, assure, du moins, de sérieux avantages à nos cultivateurs.

L'avenir de l'agriculture est dans la mutualité ; c'est par le groupement méthodique des bonnes volontés, par la coopération des initiatives particulières, par le rapprochement des intérêts de chacun, que l'industrie agricole pourra être un jour régénérée.

Les efforts isolés sont stériles et ne servent qu'à émietter l'énergie commune, le salut est donc dans l'organisation mutualiste de l'exploitation rurale.

Aussi bien, trouve-t-on cette dernière formule à la base de la législation nouvelle dont les Chambres françaises ont entrepris de doter l'agriculture. L'œuvre n'est certes pas achevée ; mais les résultats obtenus grâce à ce qui a été fait, permettent d'espérer beaucoup pour l'avenir.

Déjà, la *loi de 1884 sur la liberté d'association*

provoqua dans nos campagnes un vaste mouvement syndical. L'achat du matériel, des engrais et des semences, dans les meilleures conditions possibles, avait été singulièrement facilité par l'organisation des syndicats agricoles, dont l'action bienfaisante s'est aussi fait sentir sur la bonne tenue des cours et l'écoulement des récoltes.

Peu à peu, sous l'influence des *banques alleman-des de Raiffaisen* et de *Schultze Delitsch*, les institutions populaires de crédit mutuel se répandirent à leur tour et on s'aperçut bientôt des avantages multiples que présenterait le rapprochement des deux organisations.

« Les syndicats agricoles, dit un économiste ita-
« lien, M. Luzzati, éveillent chez le cultivateur le dé-
« sir d'intensifier, d'améliorer les cultures, de cher-
« cher à tirer du plus petit coin de terre le plus grand
« revenu possible. Après avoir éveillé le désir, ils le
« fortifient, l'éclairent et donnent la meilleure direc-
« tion technique à suivre pour qu'il devienne un acte.
« *La banque populaire* fournit les moyens d'agir aux
« conditions les plus favorables, tant par le taux de
« l'intérêt, que par le mode de remboursement. Dans
« les centres agraires *les deux associations devraient*
« *avoir le même siège*, puisqu'elles vivent des mêmes
« inspirations. La banque populaire consacrerait une
« partie de ses bénéfices à faciliter les expériences
« faites par le syndicat. Le syndicat bien dirigé joue-

« rait le rôle du crible qui sépare les bonnes opéra-
« tions de crédit des mauvaises. »

C'est de cette idée qu'est sortie la loi de 1894. En
fait, les syndicats avaient déjà été amenés, par la
force même des choses, à faire, au profit de leurs
adhérents, certaines opérations de crédit. Souvent,
les petits cultivateurs qui avaient fait leurs achats
d'engrais ou de semences par l'intermédiaire du syndicat, demandaient du temps pour payer ; d'autres
fois, dans les cantons plus particulièrement pauvres,
ou éprouvés par la crise, les groupes syndicaux
avaient été conduits à instituer *des prêts d'honneur*,
au profit des membres les plus nécessiteux de l'association.

Mais c'était là une organisation rudimentaire et
mal définie, qui ne pouvait sérieusement répondre
aux besoins des petits agriculteurs. Nos Chambres
s'en sont facilement rendu compte et le législateur
de 1894 a voulu compléter le rôle des syndicats en
leur permettant de constituer à côté d'eux, en réalité de s'adjoindre, de véritables sociétés de crédit
agricole (1).

Ces sociétés issues de l'idée syndicale reposent en-

(1) Loi du 5 novembre 1894, article 1er : *Des sociétés de crédit
agricole peuvent être constituées, soit par la totalité des membres d'un
ou de plusieurs syndicats professionnels, soit par une partie des membres
de ces syndicats. Elles ont exclusivement pour objet de faciliter et de
garantir les opérations concernant l'industrie agricole et effectuées par
ces syndicats ou par des membres de ces syndicats.*

tièrement sur le principe de la mutualité et se distinguent ainsi des autres associations financières qui n'ont comme fondement qu'un simple groupement d'intérêts et s'attachent uniquement à la recherche des bénéfices.

Ici, au contraire, toute idée de spéculation doit être bannie, le capital engagé ne peut fournir aucun dividende et les opérations de la société doivent avoir un caractère exclusivement professionnel (1).

L'idée des sociétés de crédit organisées par la loi de 1894 date d'un projet de loi déposé à la Chambre, par M. Méline, le 10 mai 1890. Mais ce projet avait le tort de s'appuyer sur un principe erroné : la transformation des syndicats en sociétés de crédit. C'était sortir des règles de l'association professionnelle et compromettre l'avenir des syndicats agricoles en en compliquant le mécanisme. Du reste, on aurait ainsi confondu deux choses distinctes : le syndicat dont le but est l'abaissement des frais de production et la société de crédit qui se propose de mettre à la portée des agriculteurs les capitaux dont ils pourront avoir

(1) « Les sociétaires doivent non seulement exercer la même profession d'agriculteur, mais encore faire partie d'un même syndicat, et pour mieux affirmer le caractère spécial de l'association nouvelle, le législateur proscrit jusqu'au mot *action* ; il veut que le capital engagé le soit sous le nom de *part*, marquant ainsi l'intervention personnelle de l'adhérent, jointe à celle du capital ; il affecte, même avec trop de subtilité, de ne jamais se servir du mot *bénéfices* et de le remplacer par l'expression : *prélèvements opérés au profit de la société* ». Cf. Maurin et Brouilhet, *op. cit.*, p. 10.

besoin. La Chambre ne s'émut cependant pas des observations qui furent présentées dans ce sens et vota le projet en ne lui faisant subir que des modifications sans importance. Mais après le vote de la loi, le ministre chargea une commission extra-parlementaire d'étudier la question.

L'idée de créer des sociétés de crédit greffées sur les syndicats, mais cependant *distinctes et autonomes*, avait déjà été émise pendant la discussion du projet par le rapporteur lui-même ; elle fut reprise par la Commission qui réforma également divers autres points du texte voté par la Chambre et donna à la loi sa forme définitive.

Le trait caractéristique des nouvelles sociétés de crédit agricole est donc leur étroite relation avec les syndicats, desquels elles sont toutefois indépendantes.

Nous ne nous attarderons pas davantage à expliquer en détail le mécanisme de la loi de 1894 : ce serait sortir de notre cadre ; nous en avons indiqué seulement le principe, afin de montrer ensuite quel parti il sera possible d'en tirer, pour donner à la loi de 1898 sur les warrants son maximum d'efficacité.

Une autre loi, votée définitivement le 31 mars 1899, est également appelée à donner aux emprunteurs sur récoltes les facilités les plus précieuses. Son origine remonte aux discussions qui ont précédé le vote du renouvellement du privilège de la

Banque de France. Des tentatives furent faites pour rendre obligatoire l'escompte du papier agricole par notre premier établissement de crédit. Mais le Gouverneur répondit qu'il ne faisait aucune distinction entre les effets commerciaux et agricoles ; il ajouta qu'il voulait êtro seul juge de l'opportunité qu'il y avait à consentir ou à refuser une opération d'escompte.

D'autre part, disait-il, quand les cultivateurs ont besoin de capitaux, c'est pour un temps qui varie entre six et neuf mois environ. Ils ont emprunté pour préparer leurs récoltes, il faut donner à celles-ci le temps de se développer et de se transformer en argent. Dans ces conditions, les délais ordinaires d'escompte (qui sont de trois mois) se trouvent insuffisants.

Il n'y aurait pas eu là une difficulté insurmontable, cependant, devant le peu d'enthousiasme de la Banque de France, l'affaire fut momentanément abandonnée.

Elle avait été reprise en sous-œuvre lors de la Convention du 31 octobre 1896, mais la question n'était pas résolue. La loi nouvelle a tranché le différend en offrant une compensation à l'agriculture et voici dans quelles conditions :

L'avance de 10 millions et la redevance annuelle à verser au Trésor par la Banque de France, en vertu de la convention du 31 octobre 1896, approuvée par la loi du 17 novembre 1897 (1), sont mises à la disposition du Gouvernement pour être attribuées *à titre d'avances sans intérêts à des caisses régionales de crédit agricole mutuel, qui seront constituées d'après les dispositions de la loi du 5 novembre 1894 sur les sociétés de crédit agricole* (2). En vue de ce résultat, elles escomptent les effets souscrits par les membres des sociétés locales, et endossées par ces sociétés. — Elles peuvent faire à ces sociétés les avances nécessaires pour la constitution de leur fonds de roulement.

Toutes autres opérations leur sont interdites. Le montant des avances faites aux caisses régionales ne pourra excéder le montant du capital versé en espèces. Ces avances ne pourront être faites pour une durée de plus de cinq ans (3). Elles pourront être renouvelées. Les statuts de ces caisses devront être déposés au ministère de l'agriculture. Ces statuts

(1) Cette redevance est du huitième du taux de l'escompte multiplié par la moyenne de la circulation productive. Elle se chiffre au minimum par *deux millions*, mais on estime que le total des annuités jusqu'en 1912, sera de cinquante millions environ (Cf. Maurin et Brouilhet, *Manuel pratique de crédit agricole*, p. 126, note).

(2) Les caisses régionales devront *nécessairement* remplir cette condition pour pouvoir bénéficier des libéralités de l'Etat, auxquelles elles ne pourraient prétendre, si elles étaient constituées d'après les principes de la loi de 1867.

(3) Ces avances deviendront immédiatement remboursables en cas de violation de statuts, ou de modifications à ces statuts, qui diminueraient les garanties de remboursement.

indiqueront la circonscription territoriale des sociétés, la nature et l'étendue de leurs opérations et leur mode d'administration.

Toute société, qu'elle soit régie par la loi de 1867 ou par celle de 1894, peut coopérer à la formation d'une caisse régionale ; *la seule condition imposée est qu'elle soit mutuelle et exclusivement agricole.*

Les sociétés régionales seront entièrement libres de déterminer le périmètre sur lequel s'étendra leur action (1). La répartition des avances qui leur seront faites sera déterminée par le ministre de l'agriculture, sur l'avis d'une Commission spéciale, nommée par décret. Dans le cas où des avances auraient été refusées à une caisse régionale, celle-ci aura un recours devant le Conseil d'État.

On voit donc nettement quel est le but de la loi : elle ne crée pas l'organisme des caisses régionales ; elle en a prévu la fondation et a déterminé les conditions auxquelles elles devraient satisfaire pour pouvoir solliciter des avances de l'État. Quant aux caisses elles-mêmes, leur raison d'être est également facile à comprendre : *elles ont été créées pour faciliter les opérations concernant l'industrie agricole, effectuées par les membres des sociétés locales en escomptant dans des conditions particulières de bon marché les effets souscrits par leurs membres et endossés par ces sociétés.*

---

(1) Circulaire de M. le Ministre de l'agriculture, 18 août 1899.

Les caisses régionales sont le complément des associations locales. Elles ne peuvent fonctionner qu'autant qu'elles grouperont un certain nombre de caisses rurales qui, elles, sont en rapport direct avec les cultivateurs; sans ces dernières, les caisses régionales ne pourraient rendre aucun service, puisque la loi ne les autorise qu'à escompter le papier des caisses locales et à leur faire des avances pour la constitution de leur fonds de roulement (1).

Nous en sommes arrivé aux liens qui vont rattacher les dispositions législatives du 5 novembre 1894, du 18 juillet 1898 et du 31 mars 1899.

En deux mots voici l'économie de la combinaison :

L'agriculteur qui désirera emprunter sur ses produits s'adressera à la société locale de crédit dont il fait partie, celle-ci avancera les fonds et pourra, si elle le juge à propos, faire ensuite escompter le warrant par la société régionale à laquelle elle est rattachée. Tel est le mécanisme très simple grâce auquel l'emprunteur sur récoltes n'aura plus à se préoccuper des hésitations des capitalistes et des établissements ordinaires de crédit, hésitations qui, en l'absence des lois dont nous venons de parler, serait certainement de nature à compromettre les résultats du warrantage agricole.

Quant aux capitaux nécessaires à l'alimentation

(1) Cf. Circulaire de M. le Ministre de l'agriculture du 18 août 1899, *sur les caisses régionales agricoles.*

du Crédit agricole, il n'y a pas d'apparence qu'ils soient insuffisants, au moins pour le moment, car les avances mises par la loi de mars 1899 à la disposition de l'agriculture se chiffrent par des sommes très importantes.

On sait qu'aux quarante millions avancés par la banque se joint une redevance annuelle évaluée par des prévisions soigneusement étudiées, à plus de 13 millions.

Du reste, en dehors de ces sommes déjà considérables, il serait possible, croyons-nous, de trouver d'un autre côté tout le numéraire dont l'agriculture pourrait avoir besoin.

En effet, nous avons vu au début de ce travail, que la cause la plus importante du malaise économique de nos campagnes est l'émigration des capitaux vers les centres urbains. De ce phénomène, on peut donner beaucoup d'explications, mais il est hors de conteste que le drainage opéré par les caisses d'épargne en est une des raisons principales.

Les fonds ainsi prélevés sur l'agriculture vont ensuite s'éparpiller dans toutes les directions, mais manquent à l'exploitation rurale.

Pour dénouer cette situation, il faudrait concevoir une organisation des caisses d'épargne, telle que les sommes centralisées par elles fassent retour à leur région d'origine. En d'autres termes, il faudrait que les capitaux reçus sous forme d'épargne soient restitués à l'agriculture sous forme de crédit.

Ce résultat serait obtenu si les caisses d'épargne pouvaient se charger directement de l'escompte du papier agricole.

Malheureusement ces attributions nouvelles entraîneraient une refonte générale de l'organisation actuelle. Nous n'entreprendrons pas l'étude d'un si vaste projet et nous écarterons ce système, pour en arriver à une combinaison plus modeste, mais moins chimérique, et même parfaitement réalisable en l'état actuel de notre législation.

L'article 10 de la *loi du* 20 *juillet* 1895, sur les Caisses d'épargne, autorise, en effet, ces administrations à consacrer *la totalité de leurs revenus et un un cinquième de leur fortune personnelle à des placements dans les départements*.

Il ne s'agirait pas ici de rendre à la circulation *tous* les capitaux amassés par l'épargne — qui continueraient en partie à recevoir une autre destination — mais on en restituerait du moins à l'industrie agricole une fraction représentant encore une valeur très respectable, puisque l'ensemble des fortunes personnelles des Caisses d'épargne s'élevait, il y a quelques années (1), à quatre-vingt-dix-huit millions quarante-huit mille deux cent quatre-vingt-dix-huit francs, rapportant un intérêt de 2,80 0/0. Il serait donc possible de mettre une vingtaine de millions

(1) 1er janvier 1895.

supplémentaires à la disposition du crédit agricole, qui bénéficierait, par surcroît, de deux millions huit cent mille francs de revenus (1).

En conséquence, il est facile de voir, d'abord que l'argent ne manque pas pour l'escompte des warrants, grâce à la loi de mars 1899 ; ensuite qu'il serait possible d'en trouver ailleurs, si les avances de la Banque de France devenaient insuffisantes.

Malheureusement, les *Caisses locales* ne sont pas encore aussi répandues qu'on pourrait le souhaiter et les *Caisses régionales* pouvant profiter des libéralités du gouvernement, ne sont pas non plus bien nombreuses.

D'autre part, les caisses d'épargne ne paraissent pas montrer beaucoup d'empressement à profiter des

---

(1) On ne peut pas s'occuper de crédit agricole sans songer au concours que les caisses d'épargne pourraient lui donner. M. Devèze (*Essai sur quelques questions d'intérêt public*) nous montre la fécondité de leur action à l'étranger pour dispenser le crédit. Il met en regard le danger et la stérilité du régime d'Etat auquel elles sont soumises chez nous.

«... On eût pu permettre, disait M. René Worms dans une réunion de la Société d'économie politique, aux caisses d'épargne, dont les fonds viennent actuellement s'engouffrer dans le trésor public, de les prêter plutôt aux cultivateurs et aux associations coopératives de crédit. Une loi de 1895 est bien venue donner à ces caisses le droit de disposer de la totalité de leurs revenus et du cinquième de leur fortune personnelle en faveur d'œuvres locales... mais c'est bien peu et il y aurait fort à faire dans cette direction, où l'Italie s'est depuis longtemps engagée avec résolution, au grand profit de son agriculture et de l'épargne elle-même. » Cf. *Journal des économistes*, 15 mai 1899. Compte rendu de la réunion de la Société politique du 5 mai.

dispositions de l'article 10 de la loi du 20 juillet 1895.

Il y a lieu d'espérer, toutefois, que l'avenir réalisera peu à peu les améliorations, dont nous venons d'exposer sommairement la théorie.

D'ailleurs, les difficultés actuelles qui résultent, en grande partie, de la timidité des prêteurs disparaîtront probablement, à mesure que se répandra l'usage d'une assurance spéciale dont nous allons parler et qui est appelée à devenir un utile complément de la nouvelle loi.

Nous avons vu que les hésitations des capitalistes viennent surtout de ce que le législateur de 1898 a autorisé les emprunteurs sur récoltes à conserver la possession du gage qui forme la garantie de leur prêteur. Malheureusement, cette condition, dont on ne saurait s'affranchir — nous en avons vu ailleurs les raisons — laisse place à un *danger de détournement et de dissipation*, contre lequel une nouvelle société d'assurances a voulu prémunir les capitalistes (1). Le fondateur de cette société a supposé que le législateur, s'efforçant de favoriser le crédit de l'agriculture, n'avait pu vouloir assigner aux nouvelles dispositions législatives un caractère absolu-

---

(1) Cette société garantit aussi les prêteurs contre *l'insuffisance du gage, au moment de la réalisation*. Elle a pour fondateur M. Ch. Couinaud, avocat à Bordeaux, qui a bien voulu nous donner sur son organisation les détails les plus intéressants.

ment limitatif, quant aux garanties offertes par l'emprunteur au prêteur. Partant de ce principe, il a essayé de donner à la nouvelle loi un perfectionnement pratique. Nous approuvons vivement cette idée qui ne pourra manquer de porter ses fruits, car elle permettra une meilleure utilisation des warrants agricoles. Grâce à cette assurance, les cultivateurs fourniront aux capitalistes une garantie plus solide et plus sérieuse, qui ne reposera pas uniquement sur un gage mobilier, sujet à altération ou à disparition.

Il est vrai qu'une garantie morale leur était offerte, par les articles 406 et 408 du Code pénal, punissant les emprunteurs indélicats. Mais, en réalité, c'était là une garantie insuffisante, dont les prêteurs ne se seraient pas toujours contentés.

Du reste, si le gage n'a été ni constaté, ni expertisé au moment de l'emprunt, les pénalités édictées par la loi ne pourront presque jamais être appliquées. Or, ces formalités de constatation et d'expertise, obligatoires dans la proposition Delaunay, sont facultatives d'après le texte définitif.

D'autre part, les compagnies ordinaires d'assurance ne sauraient répondre du détournement des récoltes assurées. Il y avait donc là une lacune importante que les nouveaux assureurs ont essayé de combler.

Sans doute, on peut dire que les risques sont peutêtre moins grands que les appréhensions des prêteurs ne les font paraître et que d'ailleurs, s'il fallait toujours prévoir la mauvaise foi, on en arriverait vite à trouver un caractère aléatoire aux opérations les plus courantes — ce qui amènerait une paralysie générale des affaires. C'est possible, mais il n'en est pas moins certain que tout risque appelle naturellement l'assurance et qu'une société créée en vue de renforcer les garanties offertes aux prêteurs sur récoltes contribuera dans une large mesure à la propagation du warrantage agricole.

Nous sommes persuadé, quant à nous, que si, comme il y a lieu de l'espérer, la nouvelle assurance obtient dans les campagnes le succès auquel elle semble appelée, les conséquences en seront des plus heureuses pour l'avenir du crédit agricole.

En effet, il n'est pas douteux qu'aux fonds mis par la loi du 31 mars 1898, à la disposition de l'agriculture, viendront se joindre les capitaux des particuliers, dont la timidité aura vite disparu si l'assurance nouvelle donne de bons résultats.

Dès que les prêteurs n'auront plus à redouter les risque de détournement, ils trouveront, dans les prêts agricoles, d'excellents placements. Ces opérations seront surtout avantageuses pour les capitalistes modestes qui ont, de temps en temps, à leur disposition de petites sommes dont ils ne retrouveront l'emploi qu'au bout de quelques mois ou d'une année, et qu'ils n'ont pas le temps d'utiliser dans l'intervalle.

Ceux-là sont naturellement désignés pour faire des prêts sur warrants, qui sont essentiellement des *placements de moyenne durée*. Le plus souvent, nous le savons déjà, le cultivateur n'engage ses récoltes que pour laisser passer le moment de la baisse, en attendant le rétablissement des prix. Dès qu'il pourra vendre, à bon compte, il en profitera pour se libérer aussitôt et le prêteur sera remboursé.

Ainsi les sociétés de crédit, organisées par la loi de 1894, l'intervention pécuniaire de l'Etat et enfin les garanties fournies par l'assurance contre le détournement du gage sont venues perfectionner le principe du warrantage et semblent faire de l'emprunt sur récoltes une ressource sérieuse pour nos agriculteurs. L'avenir nous montrera dans quelle mesure l'application pratique de notre loi répond aux espérances des théoriciens.

CONCLUSION

Ce n'est certainement pas à l'aide d'une seule formule qu'on pourra donner une solution suffisante au problème si compliqué de l'organisation du Crédit agricole mobilier.

Aussi bien, s'exposerait-on à une désillusion certaine si l'on croyait que le nouveau warrant, — même complété par les institutions de prévoyance et les lois que nous connaissons, — pourra prendre, dès les premières années, un développement suffisant pour faire affluer dans les campagnes les capitaux nécessaires au relèvement de notre agriculture.

Bien que la réforme du législateur de 1898 marque une large étape en avant dans la voie du progrès agricole, nous devons reconnaître que le prêt sur récoltes, tel qu'il a été organisé par nos Chambres, n'a pas atteint du premier coup la perfection, ni revêtu sa forme définitive.

Nous avons eu, au cours de cette étude, l'occasion

de signaler divers points de la loi qui nous ont paru défectueux.

Du reste, si nous voulions nous montrer légèrement pessimiste, nous trouverions peut-être que la conception actuelle du warrantage agricole n'est pas, dans son ensemble, à l'abri des critiques.

En effet, les produits warrantables, quoiqu'ils aient été choisis parmi ceux dont la valeur est à *peu près* constante, n'en ont pas moins des *cours variables*. Or, il peut arriver qu'au moment de la vente, les marchandises, au lieu d'avoir acquis de la valeur comme on l'espérait, aient baissé de prix. Dans ce cas, les intérêts du prêteur pourront se trouver sauvegardés, grâce à l'assurance contre l'insuffisance du gage, mais ceux de l'emprunteur seront irrémédiablement compromis.

Donc l'agriculteur est toujours à la merci de la baisse du produit sur lequel il emprunte.

C'est une perspective de nature à l'empêcher de recourir à un mode de crédit présentant de pareils aléas.

On aurait pu cependant, et on pourrait encore les atténuer dans une large mesure, en décidant qu'il ne sera jamais permis d'emprunter sur aucun produit une somme dépassant la moitié de sa valeur fixée par expertise.

Il y a aussi un second reproche qu'il serait possible de formuler à l'encontre du nouveau warrant ; c'est qu'il se fonde presque autant sur le *crédit personnel* du cultivateur que sur son *crédit réel*.

En effet, l'emprunteur offre bien un gage réel au prêteur, mais comme il le garde chez lui, dans sa maison, il faut qu'il inspire confiance ; en d'autres termes, qu'il jouisse d'un certain *crédit personnel* pour que le prêteur se décide à lui avancer de l'argent (1).

Il en est autrement dans le prêt sur gage ordinaire ou dans le warrant commercial. Peu importe le degré de confiance qu'inspire le prêteur, peu importe sa moralité ou son crédit personnel. Dès l'instant que le gage est entre les mains du prêteur, ou dans un magasin général, on n'a plus à craindre qu'il soit détourné par un débiteur sans scrupules ; il est à l'abri des manœuvres frauduleuses et le prêteur peut y compter ; c'est une garantie qui ne saurait lui échapper, au moins par le fait de l'emprunteur.

Les deux critiques que nous venons de développer sont d'une portée générale et s'adressent au principe même de la loi. Nous y ajouterons une remarque qui

(1) Notre critique s'adressant à la loi elle-même, nous n'avons pas tenu compte de l'intervention possible d'une assurance contre le risque. Du reste la création même de ces assurances, vient à l'appui de notre remarque, puisque la société nouvelle est destinée à donner au prêteur la confiance que l'emprunteur ne pouvait inspirer par lui-même.

a trait à son fonctionnement. Il s'agit ici du droit qui appartient à tout bailleur de s'opposer à ce que son fermier warrante sa récolte. Ce droit, qu'il ne peut être cependant question de supprimer, paralysera souvent l'effet du texte nouveau.

On comprend que dans une période de crise comme celle que nous traversons, la panique des propriétaires fasse obstacle aux emprunts des fermiers. Ceux-ci pouvant à peine vivre et ne payant le loyer de leurs terres qu'avec une extrême difficulté, les craintes des bailleurs se trouvent assez justifiées pour qu'on ne puisse leur reprocher d'enrayer le progrès du warrantage. Mais quand, grâce au mouvement qui s'accentue de jour en jour en faveur de notre agriculture, la détresse sera moins générale et quand la mauvaise situation d'un fermier ne sera plus qu'un fait isolé, les propriétaires feront bien rarement usage de leur droit d'opposition.

Le temps a une influence considérable sur les lois ; il faut laisser se faire une lente adaptation, avant qu'elles produisent leurs effets.

Toutefois, en dehors de cette adaptation naturelle, des retouches seront nécessaires. Certains points restés obscurs devront être précisés. Il faudra notamment trancher, d'une façon définitive, la question de savoir si la marchandise warrantée peut, ou non, être vendue et donner plus d'ampleur à la liste des produits warrantables.

Telles sont les principales remarques qui nous ont
été suggérées par l'étude du texte nouveau.

Nous avons cru qu'il était bon de les signaler, mais
nous n'avons pas voulu nous en faire une plateforme
pour y appuyer des considérations hostiles à la loi.
Notre opinion lui est au contraire toute favorable et
nous applaudissons sincèrement à une tentative qui
améliorera sans nul doute, dans une mesure appré-
ciable, le sort de nos agriculteurs.

Du reste, l'application de notre loi a déjà donné
des résultats partiels très satisfaisants, surtout dans
les pays producteurs de vins et d'eaux-de-vie.

*C'est ainsi que dans deux cantons du département de
la Gironde, il a été warranté, en trois mois pour plus de
350.000 francs de récoltes.*

La somme des emprunts sur warrants, dans le
seul canton de Lesparre a atteint, pour l'année 1899
le chiffre de 610.000 francs. Un canton de la région
des Charentes nous a été également signalé pour les
opérations d'emprunt qui s'y sont faites sur les
eaux-de-vie. Dans la Haute-Savoie, il y a eu aussi
un assez grand nombre de warrantages de vins.

Il serait cependant difficile de se prononcer en ce
moment sur les *résultats d'ensemble* obtenus par la
loi, résultats qu'une enquête encore inachevée nous
fera bientôt connaître. Tout ce qu'on peut dire c'est
que *dans certaines régions*, en ce qui concerne les

vins et les eaux-de-vie, ils dépassent de beaucoup ce qu'il était permis d'espérer, tandis que dans d'autres centres viticoles, l'emprunt sur récoltes est au contraire presque inconnu. Dans le Var, par exemple, qui pourtant commence à produire de grandes quantités de vin, aucun warrantage ne nous a encore été signalé. Il en va de même, ou à peu près, pour le Roussillon et le Languedoc.

Quant aux opérations sur les céréales, fruits et légumes secs, bois et huiles, etc., elles semblent actuellement sans grande importance.

Disons cependant qu'un congrès spécial de la vente du blé doit se réunir, du 28 au 30 juin prochain à Versailles, à l'effet d'étudier les moyens d'obvier à la mévente des céréales, en utilisant les récentes lois agricoles.

Quelles que soient les causes de l'avilissement des prix du blé, il a paru nécessaire aux promoteurs de ce congrès que les agriculteurs s'unissent dans de nombreuses sociétés coopératives, reliées entre elles par des unions fédératives provinciales, pour vendre leurs blés, pour choisir le moment favorable à la vente et pour obtenir, en attendant, des avances sur leurs récoltes.

Nous ne pouvons qu'approuver l'initiative prise par la Société nationale d'agriculture de Seine-et-Oise, organisatrice du congrès, et nous espérons,

qu'à son exemple, les syndicats agricoles et les agriculteurs de nos diverses régions sauront féconder
l'œuvre théorique du législateur de 1898, en la
faisant entrer dans le domaine des réalités pratiques.

Vu :

Aix, le 7 juin 1900.

Le Président de la thèse,
A. BOUVIER-BANGILLON.

Vu :

Pour le Doyen,
l'Assesseur,
A. BOUVIER-BANGILLON.

Vu et permis d'imprimer :
Le Recteur,
BELIN.

ANNEXES

—

LOI DU 18 JUILLET 1898
sur les warrants agricoles.

—

Le Sénat et la Chambre des députés ont adopté.

Le Président de la République promulgue la loi dont la teneur suit :

Article premier. — Tout agriculteur peut emprunter sur les produits agricoles ou industriels provenant de son exploitation et énumérés ci-dessous, et en conservant la garde de ceux-ci dans les bâtiments ou sur les terres de cette exploitation.

Les produits sur lesquels un warrant peut être créé sont les suivants :

Céréales en gerbes ou battues.

Fourrages secs, plantes officinales séchées.

Légumes secs, fruits séchés ou fécules.

Matières textiles animales ou végétales.

Graines oléagineuses, graines à ensemencer.

Vins, cidres, eaux-de-vie et alcools de nature diverse.

Cocons secs et cocons ayant servi au grainage.

Bois exploités, résines et écorces à tan.

Fromages, miels et cires.

Huiles végétales.

Sel marin.

Le produit agricole warranté reste jusqu'au remboursement des sommes avancées le gage du porteur du warrant.

Le cultivateur est responsable de la marchandise qui reste confiée à ses soins et à sa garde, et cela sans indemnité.

Article 2. — Le cultivateur, lorsqu'il ne sera pas propriétaire ou usufruitier de son exploitation, devra avant tout emprunt, aviser le propriétaire du fonds loué, de la nature, de la valeur ou de la quantité des marchandises qui doivent servir de gage pour l'emprunt ainsi que du montant des sommes à emprunter.

Cet avis devra être donné au propriétaire, à l'usufruitier ou à leur mandataire légal désigné par l'intermédiaire du greffier du juge de paix du canton du domicile de l'emprunteur. La lettre d'avis sera remise au greffier qui devra la viser, l'enregistrer et l'envoyer sous forme de lettre recommandée comportant accusé de réception.

Le propriétaire, l'usufruitier ou le mandataire légal désigné pourront, dans le cas où des termes échus leur seraient dus, dans un délai de douze jours francs, à partir de la lettre recommandée, s'opposer au prêt sur lesdits produits par une autre lettre adressée au greffier du juge de paix et également recommandée.

Article 3. — Le greffier de la justice de paix inscrira sur les deux parties d'un registre à souche établi spécialement à cet effet et d'après la déclaration de l'emprunteur la nature, la quantité, la valeur des produits qui devront servir de gage à son emprunt, ainsi que le montant des sommes à emprunter.

Dans le cas où l'emprunteur ne sera point propriétaire ou usufruitier de l'exploitation, le greffier du juge de paix devra en outre des indications ci-dessus, mentionner la date de l'envoi de l'avis au propriétaire ou usufruitier, ainsi que la non-opposition de leur part après douze jours francs, à partir de l'envoi de la lettre recommandée.

La feuille détachée de ce registre devient le warrant qui permettra au cultivateur de réaliser son emprunt.

Article 4. — Le warrant doit indiquer si le produit warranté est assuré ou non et, en cas d'assurances, le nom et l'adresse de l'assureur.

Les porteurs de warrants ont sur les indemnités d'assurances dues en cas de sinistres les mêmes droits et privilèges que sur la marchandise assurée.

Article 5. — Les greffiers sont tenus de délivrer à tout prêteur qui le requiert, avec l'autorisation de l'emprunteur, copie des inscriptions d'emprunts faite par l'emprunteur ou certificat établissant qu'il n'en existe aucune.

Article 6. — L'emprunteur qui aura remboursé son warrant le fera constater au greffe de la justice de paix : le remboursement sera inscrit sur le registre à souche prévu à l'article 3 et il lui sera donné un récépissé de la radiation de son inscription.

Article 7. — L'emprunteur peut, même avant l'échéance, rembourser la créance garantie par le warrant.

Si le créancier refuse ses offres, le débiteur peut, pour se libérer, consigner la somme offerte en observant les formalités prescrites par l'article 1259 du Code civil.

Sur le vu d'une quittance de consignation régulière et suffisante, le juge de paix rendra une ordonnance aux termes de laquelle le gage sera transporté sur la somme consignée.

En cas de remboursement anticipé d'un warrant agricole, l'emprunteur bénéficie des intérêts qui restaient à courir jusqu'à l'échéance du warrant, déduction faite d'un délai de dix jours.

Article 8. — Les établissements publics de crédit peuvent recevoir les warrants comme effets de commerce, avec dispense d'une des signatures exigées par leurs statuts.

Article 9. — L'escompteur ou réescompteur d'un warrant sera tenu d'en donner avis immédiatement au greffier du juge de paix par lettre recommandée avec accusé de réception.

Article 10. — A défaut de paiement à l'échéance et après avis préalable transmis par lettre recommandée à l'emprunteur, pour laquelle un avis de réception doit être demandé, le porteur du warrant, huit jours après l'avertissement et sans aucune autre forme de justice, mais avec les formes de publicité prévues par les articles 617 et suivants du Code de procédure, peut faire procéder par un officier ministériel à la vente publique aux enchères de la marchandise engagée.

Article 11. — Le créancier est payé directement de sa créance sur le prix de vente par privilège et préférence à tous créanciers, sans autre déduction que celle des Contributions Directes et des frais de vente et sans autres formalités qu'une ordonnance du juge de paix.

Article 12. — Le porteur du warrant perd son recours contre les endosseurs. s'il n'a pas fait procéder à la vente dans le mois qui suit la date de l'avertissement. Il n'a de recours contre l'emprunteur et les endosseurs qu'après avoir exercé ses droits sur les produits warrantés. En cas d'insuffisance, le délai d'un mois lui est imparti à dater du jour où la vente de la marchandise est réalisée pour exercer son recours contre les endosseurs.

Article 13. — Tout agriculteur convaincu d'avoir détourné, dissipé ou volontairement détérioré, au préjudice de son créancier, le gage de celui-ci, sera poursuivi correctionnellement comme coupable d'abus de confiance et puni conformément aux articles 406 et 408 du Code pénal, sans préjudice de l'application de l'article 463 du même Code.

Article 14. — Lorsque pour l'exécution de la présente loi il y aura lieu à référé, ce référé sera porté devant le juge de paix.

Article 15. — Un décret déterminera les émoluments à allouer aux greffiers de justice de paix pour l'envoi des lettres recommandées, l'achat et la tenue des registres, ainsi que pour la délivrance des certificats. Il établira s'il y a lieu, toutes les mesures nécessaires pour l'exécution de la présente loi.

Article 16. — Sont dispensées de la formalité du timbre et de l'enregistrement des lettres prévues aux articles 2, 9 et 10 et leurs accusés de réception, la souche du registre institué par l'article 3, la copie des inscriptions d'emprunt, le certificat négatif et le récépissé de radiation mentionnés aux articles 5 et 6 de la présente loi.

La feuille détachée du registre à souche et qui deviendra le warrant au moyen duquel le cultivateur réalisera son emprunt restera soumis au droit commun, c'est-à-dire qu'elle deviendra passible du droit de timbre des effets de commerce (5 centimes p. 100), au moment de sa transformation en warrant et de sa remise comme tel au prêteur.

L'enregistrement (50 centimes p. 100) ne deviendra obligatoire que dans le cas de protêt.

Article 17. — La présente loi sera applicable à l'Algérie.

La présente loi, délibérée et adoptée par le Sénat et par

la Chambre des députés, sera exécutée comme loi de l'État.

Fait à Rambouillet, le 18 juillet 1898.

FÉLIX FAURE.

Par le Président de la République :
Le Ministre de l'Agriculture,
VIGER.

CIRCULAIRE DU MINISTRE DE LA JUSTICE

—

Paris, 16 août 1898.

MONSIEUR LE PROCUREUR GÉNÉRAL,

La loi du 18 juillet 1898, publiée au *Journal officiel* le 20 du même mois, a eu pour objet de créer une première étape dans l'organisation du crédit mobilier rural. Le cultivateur pressé par des besoins d'argent se voyait fréquemment obligé de vendre sa récolte dans un moment où l'affluence des produits similaires sur le marché entraînait une dépréciation des cours. On a voulu lui permettre d'attendre et de se procurer les fonds qui lui sont nécessaires en donnant pour gage tout ou partie de son exploitation. Sans doute il lui était déjà possible de déposer ses récoltes dans un des magasins généraux existants et de se faire remettre un warrant ; mais, en fait, ce mode de crédit lui était fermé par suite des frais élevés que lui imposait le transport généralement à de grandes distances, de marchandises lourdes et encombrantes. Pour obvier à cet inconvénient, la loi du 18 juillet dernier réalise une innovation qui assure aux agriculteurs un traitement de faveur : elle autorise l'extension du warrant aux produits agricoles sans déplacement ; le domicile du propriétaire des récoltes est constitué en lieu de dépôt jouissant du privilège jusqu'ici réservé aux magasins généraux.

L'agriculteur peut donc désormais, emprunter sinon sur tous les produits de son exploitation, du moins sur les plus importants en les conservant sur ses terres ou dans ses bâtiments. Ces produits devenus le gage du créancier porteur du warrant assurent à ce dernier les plus sérieuses garanties : d'une part le propriétaire ne peut en disposer ni les détériorer volontairement sans encourir des responsabilités pénales ; d'autre part, si la réalisation du gage devient nécessaire, le porteur du warrant est payé sur le produit de la vente par privilège et préférence à tout créancier sans autre déduction que celle des contributions et des frais de justice ; les privilèges énumérés dans les articles 1101 et 2102 du Code civil sont primés par le sien. Toutefois, en ce qui concerne le propriétaire des immeubles loués au fermier qui se fait délivrer une lettre de gage, la perte de son privilège à l'égard du titulaire du warrant sur les produits warrantés est dans une certaine mesure subordonnée à son consentement exprès ou tacite.

On sait qu'aux termes de la loi du 19 février 1889, le bailleur d'un fonds rural a privilège pour les fermages des deux dernières années échues, de l'année courante et d'une année à partir de l'expiration de l'année courante ainsi que pour tout ce qui concerne l'exécution du bail et pour les dommages-intérêts qui pourront lui être alloués par les tribunaux. Il importait de concilier ce droit si étendu avec la faculté d'emprunter que le législateur entendait accorder au fermier, sous peine de retirer d'une main à ce dernier ce qu'on lui accordait de l'autre.

A ce point de vue, la loi du 18 juillet 1898 fait une distinction entre les créances du bailleur.

Les créances pour termes non échus ou pour avances faites par le propriétaire ou encore pour les dommages-intérêts éventuels n'empêchent pas le fermier de donner ses récoltes en nantissement et d'assurer, le cas échéant, au porteur du warrant sur le prix des récoltes warrantées un droit supérieur à celui du bailleur.

Mais il n'en est plus de même lorsque les termes échus ne sont pas intégralement acquittés. Le fermier n'est plus libre alors de warranter à son gré les produits de son exploitation, le propriétaire peut s'opposer à la délivrance du warrant et sauvegarder ainsi son privilège sur les fruits de la récolte.

Pour que le bailleur soit en mesure d'exercer son droit d'opposition, l'article 2 de la loi du 18 juillet 1898 oblige le fermier à lui adresser, avant tout emprunt, un avis portant l'indication de la nature de la valeur et de la qualité des marchandises qui doivent servir de gage à l'emprunt ainsi que du montant des gages à emprunter.

La lettre d'avis est remise au greffier de la justice de paix du domicile de l'emprunteur. Le greffier en fait mention sur un registre spécial distinct du registre à souche et dont nous nous occuperons plus loin ; il la vise ensuite et l'expédie au propriétaire ou à l'usufruitier du domaine, sous forme de lettre recommandée comportant un avis de réception.

Cette lettre constitue l'acte initial de la procédure dans

tous les cas où le cultivateur qui veut emprunter n'est pas propriétaire ou usufruitier de son exploitation. Elle a une grande importance. Il est indispensable que les indications exigées par la loi et qui seront plus tard reportées sur le warrant y soient toutes réunies. Le greffier est tenu de veiller avec soin à l'observation de ces formalités ; il doit aussi prendre garde que la lettre ne vise pas des produits autres que ceux déclarés warrantables et qui sont limitativement désignés dans l'article premier.

Le greffier n'a pas à se préoccuper du point de savoir si les récoltes annoncées par l'emprunteur existent bien sur ses terres ou dans ses bâtiments ; il ne lui appartient pas de faire des recherches ou d'exercer un contrôle à ce sujet. Même s'il y a fraude, sa responsabilité est à couvert sous réserve du cas où ayant connaissance de la fraude, il se serait prêté à sa consommation. Son rôle consiste uniquement à suivre strictement la procédure qui règle les conditions dans lesquelles le warrant est préparé et délivré.

La remise à la poste de la lettre d'avis prévue par l'article 2, marque le point de départ d'un délai de douze jours laissé au propriétaire ou à l'usufruitier pour prendre parti et pour notifier, le cas échéant, son opposition au greffier de la justice de paix du domicile de l'emprunteur. Ce délai est franc, c'est-à-dire que le premier et le denier jour ne sont pas comptés. En admettant, par exemple, que le greffier ait fait partir la lettre d'avis le 1er janvier, il suffira que la lettre renfermant l'opposition du propriétaire ou de l'usufruitier lui parvienne le 14 janvier. De plus, si le dernier jour du délai était un jour férié, le délai serait prorogé jusqu'au lendemain, aux termes de l'article 1033 du Code de procédure civile, modifié par la loi du 13 avril 1895.

L'opposition notifiée par lettre recommandée parvenue au greffier après l'expiration du délai serait en principe inopérante. S'il survenait une difficulté à ce sujet, le juge de paix la trancherait, par provision, en vertu des pouvoirs qui lui sont conférés par l'article 14 de la loi du 18 juillet 1898.

La date de l'arrivée au greffe de la lettre recommandée adressée par le propriétaire ou l'usufruitier est portée par le greffier sur le registre spécial qui renferme déjà les mentions substantielles contenues dans la lettre d'avis.

L'opposition notifiée dans le délai de douze jours met obstacle à la délivrance du warrant. Il appartient au cultivateur de faire lever cette opposition, s'il s'y croit fondé, en portant le litige devant le juge de paix statuant en référé. Dans le cas où le propriétaire ou l'usufruitier a expressément adhéré à l'emprunt, rien ne s'oppose au contraire à ce que le cultivateur reçoive immédiatement le warrant qui lui servira à réaliser cet emprunt.

Enfin, le cultivateur peut réclamer la remise du warrant après l'expiration du délai de douze jours s'il n'est survenu dans ce délai aucune opposition.

Le warrant est extrait d'un registre à souche tenu par le greffier conformément au modèle annexé à la présente circulaire. Aux termes de l'article 3 de la loi, le greffier doit porter tant sur la souche que sur la feuille à détacher : 1° les noms, prénoms, domicile et qualités de l'emprunteur et du propriétaire ou l'usufruitier de l'immeuble exploité par l'emprunteur ; 2° les mentions destinées à spécifier le gage et à fixer le montant des sommes à emprunter ; ces mentions figurent déjà sur un autre registre ou elles auront dû être inscrites au moment de l'expédition de la lettre prescrite par l'article 2 (parag. 1er) ; 3° la date

de la réception du consentement du propriétaire ou de l'u-
sufruitier ou l'indication qu'il n'y a pas eu d'opposition
dans le délai de 12 jours ; 4° une mention relative à l'assurance des produits warrantés et le cas échéant, le nom et
l'adresse de l'assureur.

En donnant les explications qui précèdent, j'ai supposé
que le cultivateur qui veut emprunter n'est pas propriétaire ou usufruitier de son exploitation. Lorsqu'il possède
une de ces qualités et qu'il en justifie, le warrant est délivré sur une première réquisition sans formalités préala-
bles. De plus, la formule du warrant est alors simplifiée.
Tout ce qui a trait à l'envoi de la lettre d'avis et au consentement ou à la non-opposition du propriétaire ou de
l'usufruitier disparaît nécessairement.

Le warrant est destiné à circuler ; il est transmissible
par voie d'endossement. Mais le législateur a voulu réser-
ver à l'emprunteur la faculté de se libérer par anticipation
et de reprendre ainsi la libre disposition des produits warrantés.

Il a prescrit dans ce but que l'escompteur ou réescompteur du warrant en donnera avis au greffier de la justice
de paix ; celui-ci mentionnera les mutations dans le cadre
préparé sur le verso de la souche du warrant. En s'adressant au greffier, le cultivateur se renseignera à tout instant sur l'identité du porteur du titre de créance, il pourra
lui offrir le paiement, et si le créancier refuse les offres,
consigner la somme offerte en se conformant aux formalités prescrites par l'article 1259 du Code civil. Le juge de
paix rend, dans le second cas, une ordonnance transportant le gage sur la somme consignée ; au vu de cette ordonnance, le greffier procédera à la radiation de l'inscription
par une mention inscrite sur la souche du warrant.

La radiation doit être aussi opérée lorsque les produits ont été vendus aux enchères à la requête du porteur de warrant, conformément à la procédure instituée par les articles 10 et 11 de la loi. Le créancier est alors payé directement sur le prix de vente en vertu d'une ordonnance du juge de paix. A partir de cette ordonnance, l'inscription portée sur la souche n'a plus de raison d'être ; il y a lieu de la faire disparaître.

Enfin, dans l'hypothèse normale où le cultivateur remplit ses engagements, le remboursement est constaté et la radiation est opérée par le greffier sur la présentation du warrant qui a fait retour à l'emprunteur.

L'article 16 accorde des immunités fiscales destinées à favoriser le développement du nouveau mode de crédit organisé dans l'intérêt de l'agriculture.

Tels sont, résumés brièvement, les points sur lesquels je crois utile d'appeler d'une façon toute spéciale l'attention des greffiers des justices de paix.

La loi du 18 juillet 1898 leur impose l'accomplissement de formalités minutieuses dont l'inobservation pourrait engager leur responsabilité. Ils doivent l'étudier avec soin, bien se pénétrer des dispositions qu'elle renferme et apporter la plus grande vigilance dans son application.

Leur concours sera rémunéré d'après les bases d'un tarif ci-annexé. Il leur est interdit de réclamer sous aucun prétexte d'autres honoraires que ceux prévus dans les divers articles de ce tarif et qui ont été calculés de façon à les couvrir de la dépense leur incombant pour l'achat des deux registres nouveaux qu'ils auront à tenir.

Je vous prie, Monsieur le Procureur général, de m'accuser réception de la présente circulaire. Vous voudrez bien en faire parvenir un exemplaire à chacun de vos substituts et à tous les juges de paix de votre ressort.

Recevez, Monsieur le Procureur général, l'assurance de ma considération la plus distinguée.

Le Garde des Sceaux,
Ministre de la Justice et des Cultes,

F. SARRIEN.

Le Conseiller d'Etat,
Directeur des Affaires civiles,
et du Sceau,

L. LA BORDE.

TABLE DES MATIÉRES

Imp. J. Thevenot, Saint-Dizier (Haute-Marne).

9 782329 470726